無門関日記

무문관 일기
그대 지금 간절한가

무문관 일기
그대 지금 간절한가

초판1쇄 인쇄 I 2018년 10월 12일
초판2쇄 발행 I 2022년 2월 16일

지은이 I 동은
탁본 I 금강
발행인 I 정지현
편집인 I 박주혜

대표 I 남배현
본부장 I 모지희
책임편집 I 박석동
마케팅 I 조동규, 김관영, 조용, 김지현, 서영주
펴낸곳 I 모과나무
등록 I 2006년 12월 18일 (제2009-000166호)
주소 I 서울 종로구 삼봉로 81 두산위브파빌리온 831호
전화 I 02-720-6107
전송 I 02-733-6708
이메일 I jogyebooks@naver.com
구입문의 I 불교전문서점 향전(www.jbbook.co.kr) 02-2031-2070
디자인 I ㈜끄레 어소시에이츠
ISBN 979-11-87280-29-3 03220
ⓒ동은, 2018

무문관 일기

그대 지금 간절한가

동은 지음

모과
나무

그대 이 순간

이 좌복 위에서 생을 마쳐도

한 점 후회함이 없을 정도로

온몸을 던져 정진하고 있는가?

그대 지금 간절한가!

사람 일은 참 모를 일이다. 출가해서 수행하다 보니 어찌어찌 하다가 주지 소임까지 살게 되었다. 거기다 내 법명이 "동쪽에 숨어 지낸다"라는 뜻인 동은東隱이고 보니, 지인들은 한반도 동쪽 끝 두타산 천은사가 인연터가 아니냐고 이야기하기도 한다.

가끔 시내 볼일 보러 갈 때마다 첫 사거리에서 신호를 기다린다. 직진은 삼척 시내를 거쳐 바다로 이어진다. 우회전은 태백이다. 그리고 좌회전은 7번 국도로 이어져 강릉으로 가는 길이다. 7번 국도. 난 이 길에 설 때마다 초발심의 그 간절했던 칼날 위에 서는 기분이다.

출가하는 날, 부산에서 첫차를 타고 바로 이 7번 국도를 따라 하루 종일 북북진하여 강릉에 도착했다. 오대산 가는 차도

끊긴 밤중이었다. 터미널에서 신문지를 덮고 새우잠을 잔 다음, 월정사로 출가했다. 그 후 이 산중 저 회상을 돌고 돌다 출가할 때의 그 길에 다시 섰다. 이제 나의 일상은 출가 선상에서의 초 발심을 날마다 점검받듯 살고 있는 것과 같다.

어설픈 수행 일기를 겁도 없이 덜컥 책으로 낸 지 몇 년이 흘 렀다. 얼마 전 제자 한 분이 《무문관 일기無門關日記》를 필사한 공책을 가지고 왔다. 깜짝 놀랐다. 무슨 경전도 아닌데 사경하 듯이 또박또박 써 내려간 글씨에, 뭐라 표현할 수 없는 고마움 과 부끄러움이 같이 일어났다. 내가, 이 책이, 과연 그럴만한 자 격이 있는가 하고 말이다.

요즘 들어 무문관 수행이 알려지고 영화로도 상영되면서 관 심들이 높아졌다. 그래서인지 이곳으로 무문관 일기 책을 구할 수 없냐며 문의 전화가 더러 오기도 했다. 이미 절판이 되어 구 할 수가 없다는 안내를 여러 차례 하던 차에 인연이 닿아 개정 판을 다시 내게 되었다.

새로 원고를 찬찬히 읽어보며 다시 한번 무문관 수행하던 시 절로 되돌아갔다. 어떤 대목에서는 '내가 어떻게 이런 글을 썼 지?' 할 정도의 글들도 더러 눈에 띄었다. 다 읽고 난 뒤, '나는 과연 지금, 얼마나 제대로 잘 살고 있는가?' 하는 자책으로 이

어졌다. 어림도 없다. 정진의 날이 많이 무뎌졌다. 다시 숫돌을
들이댈 때다.

　그대 지금 간절한가!

무술 2018년 10월

동은

어느 해 해인사 선방에서 일주일 용맹정진을 할 때였다. 정진이 거의 막바지에 이르렀을 즈음 한 수좌가, 당시 종정이며 총림 방장인 혜암慧菴(1920~2001) 큰스님께 여쭈었다.

"스님, 아무리 정진을 해도 성취되는 바가 없으니 마음이 괴롭습니다. 도대체 어떻게 공부를 해야 합니까?"

스님께서 답하셨다.

"아무리 정진을 해도 성취되는 바가 없는 듯하나 그럼에도 포기하지 않고 쉼 없이 하는 것이 바로 공부다. 금생에 이 몸 받아 간절하게 정진하다가, 좌복 위에서 죽는 것만큼 수지맞는 장사가 어디 있겠는가?"

그날 큰스님께서 대중한테 하신 말씀은 이후 내 수행길의 지남指南이 되었다. 선방을 몇 철 다니다가 스님의 그 간곡한 가르침이 그리워 해인사 원당암願堂庵을 찾았다. 스님은 이미 열반에 드셨고, 스님이 계셨던 처소 앞에는 당장이라도 문을 박차고 나오면서 후학들에게 호통이라도 치시는 듯한 글귀가 새겨져 있었다.

"공부하다 죽어라!"

내가 강진 백련사白蓮寺 무문관無門關 선방에 간 때는 온 나라가 월드컵 열기로 떠들썩하던 2002년이었으니까 지금으로부터 구 년 전이다. 그때 정진하면서 일어나는 단상들을 틈틈이 적어 놓았었는데, 가끔 몸과 마음이 힘들 때면 부처님께 무슨 처방이라도 받는 듯이 낡은 공책을 꺼내 보곤 했었다. 물론 지금과 비교하면 주변 상황이나 마음 챙김에 많은 시차가 있다. 그러나 당시의 그 상황들을 온전히 느껴보고자 게으르고 실수투성이인 글들을 그대로 싣기로 했다. 내용을 보면 지극히 일상적인 것들이 대부분이다. 어느 때는 며칠을 빈둥거리며 망상만 피워댄 적도 있었고, 어느 때는 며칠 밤낮을 용맹정진할 때도 있었다. 다만 무엇을 하든지 순간의 마음자리를 놓치지 않으려고 애쓴 것은 분명하다.

그런데 어떻게 인연이 닿아 이 부끄러운 글을 책으로 내게 되었다. 오래전 지인이 우연히 내 책상 위에 있던 이 글을 보고 책으로 내면 어떻겠냐고 하기에, 열심히 정진하는 스님들 욕 먹일 일이 있냐며 사양했었다. 그 후 몇 년이 흘러 얼마 전 불자 한 분이 이 글을 접하고, 신비롭고 비밀스럽게만 여겨지는 스님들의 무문관 수행 일상을 일반인들에게 알리면 수행에 좀 더 관심을 갖게 되는 좋은 계기를 마련할 수 있지 않겠냐, 이것도 하나의 작은 포교가 되지 않겠냐며 자꾸 나를 부추겼다. 결국 그 말에 넘어가고 말았다.

　　그러나 이 글은 게으른 수좌의 넋두리일 뿐이다. 지금 이 순간에도 낡은 걸망 하나 의지한 채 화두 하나에 차생此生을 걸고, 온몸을 던져 정진하는 이 땅의 눈 푸른 납자들께 정례頂禮를 드리며, 부족한 글 자비로 섭수해주시길 바랄 뿐이다.

신묘 2011년 2월
두타산 동쪽 기슭 천은사에서
동은

無門關日記
12

무문관無門關, '문 없는 문의 빗장' 또는 '문이 없는 관문'이라는
뜻이다. 일단 무문관에 입방하고 나면 밖에서 문을 폐쇄해버리
기 때문에 문이 없는 방이 된다. '문이 없는 문의 빗장'이라. 바
로 무문관 자체가 화두이기도 하다.

무문관 수행은 옛날 스님네들이 공부에 견처見處가 있을 때
'생사를 걸어놓고' 용맹정진하기 위해 택했던 가장 치열한 공부
방법이다. 요즘에야 밖에서 문을 잠그는 정도로 무문관의 맥을
이어오고 있지만, 모든 경계를 끊고 공부하려는 의미는 다르지
않다.

그 서슬 퍼런 선불장選佛場에 어쭙잖은 내가 방부榜附를 들
였다. 전에부터 무문관 정진을 꼭 한번 해보고 싶었는데 공부도

부족하고 또 인연이 안 돼서인지 살아보질 못했다. 이번 철에 무슨 복인지 근세 큰스님들이 두루 정진하신 이곳 백련사 선방에서 그것도 무문관에 방부를 들여 좌복에 앉은 것이 내 복에 가당치도 않은 것 같다.

그런데 그런 수승한 도량에 방부를 들였으면 목숨을 내걸고 정진할 일이지 무슨 '무문관 일기'를 쓴다고 하니 나 자신도 웃을 일이다. 사실 백번 옳은 말이다. 무문관에 들어와서 글을 생각하고 옮긴다는 자체가 애당초 공부하고는 십만 팔천 리다.

결제 날 방문이 잠긴 뒤 한동안은 신심으로 정진에 임했다. 그런데 절을 너무 무리하게 하다가 다리 관절염이 재발해 정진이 느슨해지면서 점점 마음에 틈이 벌어지기 시작했다. 평소 수행 여정의 단상들을 틈틈이 적어오던 업을 버리지 못해, 백련사에 오던 날부터 이런저런 생각들을 공책에 끼적이고 있던 차에 '에이 이럴 바엔 차라리 일기나 한번 써보자' 한 것이 그만 이 지경이 된 것이다.

처음으로 '갇혀버린' 공간에 지내며 사람으로서, 수행자로서 일어나는 단상들을 담담히 적어보기로 했다. 나름대로 정한 정진 시간은 가능한 지키며, 가끔 망상이 들 때마다 이것도 정진이라며 스스로 평계를 삼기로 했다.

훗날 내 수행길에 힘이 들어 지치고 포기하고픈 생각과 함께, 내가 과연 공부를 이룰 수 있을까 하며 약한 마음이 들 때마다 이 일기를 펼쳐놓고, 그래도 그때 공부한다고 애쓴 흔적들을 더듬으며 정진의 칼날을 세우는 숫돌이 되길 바라는 마음으로……

불기2546(2002)년 5월 26일
임오년 하안거 결제일
강진 백련사 무문관 3호실에서

차례

일러두기

1. 이 글은 2002년 백련사 무문관 선방에서 하안거 정진을 하면서 기록한 일기이다.
   2011년에 출간되었다가 절판된 것을 다시 엮었다.
2. 수행일기의 날짜는 모두 생략하였다.
3. 본문에 사용된 탁본은 금강 스님 작품이다.

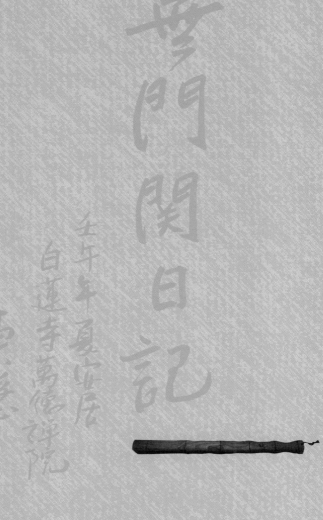

그대 지금 간절한가

無門關日記

壬午年夏安居
白蓮寺萬德禪院

東隱

무문관 가는 날

전남 강진 백련사 무문관에 가는 날이다. 그동안의 외도 삼 년
간을 석 달의 무문관 정진으로 만회하려 한다. 서울살이 '수도승
首都僧'으로 삼 년. 월간 《해인》 편집장 소임과 동국대학교 문화
예술대학원에서 불교미술을 공부하느라 보낸 시간들이다.

아! 그동안 선방의 좌복이 얼마나 그리웠던가. 신새벽 이슬
머금은 산사의 오솔길은 또 얼마나 그리웠던가. 남도의 5월은
누렇게 익어 물결치는 보리밭과, 간간이 모내기를 한 논들 위로
날아오르는 백로들이 낯선 객을 맞이한다. 올보리들은 벌써 타
작을 끝내고 '보릿대'를 태우는 연기가 온 들녘을 가득 휘감아
돈다.

예전에 남도 답사길에 오르면 반드시 거치는 곳이 강진 땅이
었고 백련사였는데, 이렇게 선방 방부를 들여 한철 지내는 것은
처음이다.

백련사는 천이백여 년 전 신라 문성왕 때 무염국사無染國師가 창건하셨다. 고려 때는 보조국사普照國師를 중심으로 정혜쌍수定慧雙修를 주장하던 송광사의 '정혜결사定慧結社'가 점차 최씨 무신 정권과 밀착되어 백성들을 외면할 때, 백련사에서는 원묘국사圓妙國師께서 참회와 정토 사상을 모태로 한 '백련결사白蓮結社'를 주도하여 지방 토호들과 서민층에게까지 불법을 널리 보급하였다. 말하자면 민중들의 권익을 보호한, 우리나라 민중 운동의 시초가 되는 도량이기도 하다. 이후 여덟 국사가 배출되었고, 조선 시대에는 소요대사逍遙大師를 비롯하여 여덟 종사宗師가 배출된 수행도량이다.

특히 백련사에서는 '염불만일회念佛萬日會'를 결성하여 약 삼십 년에 걸친 만일 철야기도를 회향한 법화와 정토기도 도량으로 유명한 곳이기도 하다. 해인사 강원 한 해 선배이자 수계도 반이기도 한 혜일慧日 스님이 주지로 머무는데, 옛 선방 터에 무문관을 지었다.

백련사에 도착하니 오후 세 시쯤 됐다. 주지스님은 부처님오신날 행사 후 과로로 입원 중이라 하고 다른 스님들은 보이질 않는다. 정진 중 필요할 것 같아 이것저것 챙긴 걸망을 메고 낑낑대며 산길을 올라 무문관에 도착하니 도량은 텅 비어 있다.

무문관은 맞배지붕으로 지은 다섯 칸짜리 한옥이다. 다섯 명이 살 수 있는데 아직 아무도 안 온 모양이다. 빈방 하나에 걸망을 풀어놓고 한숨을 돌리니, 탁 트인 전망 아래로 강진만이 한눈에 들어온다. 썰물 때문인지 갯벌이 여기저기 드러나 있고 건너편에는 청자 도요지로 유명한 포구들이 보인다. 가볍게 도량을 산책하다 좌복을 펴놓고 한번 앉아보았다. 그리고 방 안을 휘 둘러보니 모든 게 마음에 든다.

무문관 올라오는 길

큰절(백련사)에서 법당 왼쪽에 있는 명부전冥府殿을 지나 응진전 應眞殿 뒤로 가면 오솔길이 나오는데 이곳이 무문관 가는 길 이다. '외부인 출입금지' 팻말이 붙은 사립문을 열고 올라오면 조그만 개울이 나오는데 거기에 통나무 세 개를 묶은 다리가 있다. 다리를 건너면 오르막길인데 울창한 동백림과 야생차밭 이 펼쳐진다. 무문관 뒤곁에는 오래전부터 좋은 물로 알려진 샘이 하나 있다. 지금은 사용하지 않고 관리만 하는데 물맛이 참 좋다.

무문관에서 오른쪽으로 꺾어진 길을 오르면 수도암이 있다. 이곳은 무문관에서 정진하는 스님들을 시봉하는 시자스님이 거처하는 곳이다. 돌과 흙으로 만든 두 칸짜리 토굴인데 이런 곳은 독립된 무문관식으로 운영하면 좋겠다는 생각이 들었다. 아직도 장작불로 난방을 하고 있다.

다른 대중선방 같으면 오늘쯤 결제結制 용상방龍象榜을 짜느라 부산할 텐데 이곳은 왠지 결제 분위기가 아직 나지 않는다. 혼자서 입승立繩, 지전知殿, 다각茶角……, 모든 소임 다 살아야지 뭐. 저녁 공양 후 짐 정리도 하고 방 청소도 하고 꽤 바쁜 시간을 보냈다.

하안거 결제일

결제 날 아침이다. 두 시에 일어나 좌선을 하다가 새벽녘 미명과 함께 강진만을 뒤덮은 해무海霧를 보았다. 삭발을 깨끗이 하고 큰절로 내려갔다. 이곳은 따로 결제 법요식도, 기념사진 촬영도 없어 각자 법당 참배하는 것으로 대신하기로 했다. 사시예불 때 각 법당을 두루 참배하며 한 철 무장애無障礙하게 정진 잘할 수 있도록 간절히 기원드렸다.

주로 총림이나 큰절 선방만 다니다가 이런 결제를 하니 뭔가 빠진 것 같이 허전하고 결제 맛이 안 난다.

무문관 결제 대중은 다섯이다. 1호실은 혜일慧日 스님. 해인사 도견 스님 시봉이며, 수계 도반이자 강원 선배이다. 지금은 백련사 주지스님이다. 2호실은 지륜智輪 스님. 법주사 함주 스님 시봉이며, 17년 된 수계 도반이다. 3호실은 가운데 있는 방으로 내가 쓰기로 했다. 4호실은 지연智然 스님. 부산 해운정사 진제

스님 시봉이며, 승랍 13년이다. 5호실은 우선宇宣 스님. 청화 스님 시봉이며, 승랍 9년으로 늦깎이지만 신심이 대단하다. 그리고 수도암에서 혜안慧眼 스님이 무문관 대중 시자 소임을 맡기로 했다.

무문관 후원 대중으로는 총무 환종 스님, 명부전에서 하루 삼천배 백일기도하는 영본 스님, 종무소에 도안道安 거사와 여진如眞 보살, 공양주 및 법당 보살, 진돗개 정견이와 새끼 만덕이, 백련이가 함께 했다.

원래는 점심공양 후 문을 잠그려 했으나 공양 나르는 스님의 편리를 생각해 저녁공양 후 정식으로 문을 잠그고 결제에 들어가기로 했다.

오후에 시간도 있고 해서 무문관 대중이 모두 포행布行을 나섰다. 큰절로 내려가다가 오른쪽으로 가면 동백림이 있고 그곳에 세 구의 부도浮屠가 있다. 그중 하나는 원구형 부도로서 염주를 두른 듯한 조각을 새겨 넣은 것이 특징이다. 지방문화재로 지정되어 있는데, 아마도 염불만일회를 한 도량의 영향인 듯싶다. 그곳에서 조금 더 내려가면 넓은 야생차밭이 나오는데 아낙네 몇 명이 차를 따고 있었다.

여섯 시에 저녁공양을 했다. 이제 석 달 후에나 같이 모여 저녁을 먹을 것이다. 일곱 시에 무문관에 입방했다. 주지스님이 차례로 밖에서 문을 잠갔다. "문 잠그겠습니다" 하는 말과 함께 '철커덕' 하는 소리가 외부로 통하는 내 모든 몸과 마음에까지

밤 열 시 삼십 분경, 백련사 무문관 3호실에서 본 강진만에 떠오른 보름달 풍
경을 그렸다. 무문관 오른쪽 후박나무와 왼쪽 후박나무 사이로 멀리 방파제
너머 강진만이 있고 그 끝에 죽도가 떠 있다. 또 그 너머에 마량 천관산 줄기
가 펼쳐져 있으며 그 위로 4월 보름달이 떠 있다.

빗장을 채우는 것 같다.

예불 종소리에 맞춰 향 하나 피워놓고 모든 대중이 결제 기간 중 무장무애하길 발원하며 삼배를 올렸다.

그리고 포단蒲團 위에 앉았다. 아, 이 느낌. 대분심大憤心과 대의심大疑心과 대신심大信心으로 이 한철 나길…….

아홉 시가 되자 문살 사이로 보름달이 휘영청 밝아 잠시 다리를 풀고 휴식한다. 강진만에 부서지는 금빛 달빛, 소쩍새 소리, 개구리 울음소리, 그리고 가끔씩 찾아오는 이 침묵의 소리…….

열한 시에 방선放禪하고 잠자리에 들었다.

무문관에서의 첫 공양

해인사 선방은 새벽 두 시에 일어난다. 그 습관인지 선방만 가면 두 시경에는 어김없이 눈이 떠진다. 좌선을 하고 있으니 네 시에 큰절 도량석道場釋 목탁 소리가 울린다. 포구의 졸린 듯한 불빛, 이어서 대종大鐘 소리……

일곱 시 반에 아침공양을 가지고 왔다. 아침에 한 번 하루 분량을 넣어주면 자기가 알아서 나누어 먹는다. 아침공양을 맛있게 먹고 한 철 후에나 신을 운동화를 씻어 말렸다.

밥(1일분)

국(콩나물국)

반찬(합)

김치통(약 보름치)

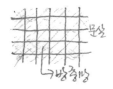

열 시경에 문틈 사이로 벌이 한 마리 날아들었다. 살아 움직이는 것이 하나 더 있으니 참 반갑다. 무문관에서의 바깥 풍경은 모자이크 세상이다. 방충망이 쳐진 문의 상단부로 흐릿하게 내다보이는 문밖 사바세계의 조각난 수채화들…….

저녁공양 후 포행을 어떻게 할까 궁리하다가 요를 길게 반 접어서 바닥에 깔아놓고 그 위를 왔다 갔다 하니 소리도 안 나고 좋았다. 무문관 생활에 하나씩 적응해갈 때마다 '난 역시 똑똑해' 하며 혼자 슬며시 미소 짓는다. 정진 중에 갑자기 불이 어두워졌다 밝았다 한다. 옆방 스님이 물이라도 끓이는가 보다. 전력이 넉넉지 못해 전기 주전자를 쓰면 다른 방의 불이 어두워지는 것이다.

우리네 삶도 마찬가지다. 내가 많이 가지면 대신 나보다 적게 가지는 사람이 있게 마련이다. 자본주의 경제 논리로 밀어붙이면 할 말은 없지만 그래도 나의 존재를 위해 보이지 않는 곳에서 애쓰고 있는 많은 분들의 노고를 잊어서는 안 된다.

정진 시간표

내가 나에게 두려운 건
답이 틀리는 게 아니라
내 안의 물음이, 삶의 화두가
사라져버리는 것이다.
물음이 없는 삶은
살아도 죽은 것.
그러나 지금 나의 물음은
처음처럼 고독하다.

혼자서 정진하는 공간이지만 시간을 정해놓고 정진하는 것이
좋을 것 같아 시간표를 짰다.

오전

2:00 기상, 세면, 간단한 몸풀기 후 입선入禪

6:00 방선 후 몸풀기 체조(요가 약 10분, 절하기, 윗몸일으키기)

7:50 아침공양(설거지 후 휴식)

9:00 좌선

12:00 방선 후 간단한 몸풀기

12:30 점심공양(설거지 후 휴식)

오후

2:00 좌선

4:00 방선 후 백팔배(하는 데까지), 샤워, 청소

6:00 저녁공양(설거지 후 휴식)

7:00 좌선

10:00 방선 후 간단한 몸풀기, 취침

　제대로 지켜질진 모르겠지만 크게 하나 써서 책상 위에 붙여
두었다.
　무문관에서 할 수 있는 간단한 운동을 적어본다.

백팔배

　운동도 되고, 참회도 되고, 신심도 생기고, 업장 소멸도 되니
일거사득이다.

요 위의 포행

주로 식후에 많이 한다(세 걸음 네 박자). 몸 상태 따라서 어떤 때는 한 시간 정도 하기도 한다(하고 나면 머리가 빙빙 도는 게 흠).

오체투지

티베트식 오체투지는 온몸을 바닥에 쭉 엎드려 절을 하는 것이다. 이것을 응용해서 아주 천천히 온몸의 기운을 모아서 절을 한다. 삼배 하는 데 약 5분 정도 소요된다. 온몸의 기운이 떨어졌을 때 주로 한다.

기마 자세

다리를 어깨 너비로 벌리고 무릎을 적당히 구부린 다음(말 타는 자세) 양팔에 기를 모아서 크게 천천히 돌린다. 서른세 번 정도만 해도 온몸에서 땀이 줄줄. 하체 힘도 키우고 어깨도 풀고.

온살도리

요 위에 서서 다리를 어깨 너비로 자연스럽게 벌린다. 그런 다음 양팔을 자연스럽게 좌우로 흔들며 다리도 따라서 움직여 준다. 이때 왼쪽 방향으로 몸을 돌릴 때 왼발 뒤꿈치만 앞으로 내밀고 체중은 오른발에 싣는다. 오른쪽은 왼쪽과 반대로 하면 된다. 계속 돌리면 ∞ 모양이 되는데 소화와 전신 몸 푸는 데는 최고다. 이것만 계속해도 온몸에 병이 없어질 정도로 간단하면서 영험이 있다. 말 그대로 '온 살을 도리질' 하는 거다.

윗몸일으키기

팔굽혀펴기

누워서 배 마사지(특히 백팔배 후에 하면 좋음)

혼자 마시는 차

오후 정진 중 다리도 풀 겸해서 다기를 펼쳐놓고 물을 끓였다.

어느 선사가 그랬지. 깊은 산 토굴에서 선정에 깨어나 찻물 끓일 때 그 소리만큼 아름다운 게 없다고……. 전기 주전자 소리이기는 하지만 그래도 듣긴 좋다. 다판이라야 조그만 다포 한 장 깔아놓고, 다기는 '수도승' 시절 인사동 노점상에게 이만 원 주고 산 일인용 다기이고, 숙우와 퇴수기는 국그릇과 밥그릇이다. 그러나 제대로 갖춰진 다기를 가지고 차를 마시던 그 어떤 때보다 더 소중하고 귀한 차 맛을 배우고 있다. 나만의 절대공간인 이 무문관에서 혼자 즐기는 한가로운 오후의 차 한잔!

조용히 혼자 앉아 차를 마심에
그 향기는 처음과 같고,
마음에 그윽한 소식이 있을 때

물은 저절로 흐르고 꽃은 피는구나.

靜坐處茶半香初

妙用時水流花開

　다선삼매茶禪三昧의 경지를 잘 표현한 추사秋史의 글인데 언젠가 토굴이 생기면 문 앞에 걸어두리라 맘먹고 있다. 《다신전茶神傳》에서는 여럿이 마시는 차는 소란스러워 아취雅趣가 줄어든다고 하면서 차는 혼자 마실 때 신령스럽다고 했다. 혼자서 고요히 마시는 차는 근본 마음자리인 불성佛性과도 통하고 결국에는 우주와 하나가 되는 것이다. 이제 그 말이 이해가 간다. 신선이 아니면 누릴 수 없는 복락을 '지금 여기'에서 만끽하고 있는 것이다.

　오늘 놀라운 걸 하나 발견했다. 지금까지는 다관에 차를 넣고 물을 식혀 붓고 나면 바로 뚜껑을 닫아 그 속의 사정을 볼 수가 없었는데, 오늘 우연히 물을 붓고 그 속을 유심히 들여다보게 되었다.

　그런데 이게 웬일, 뭉쳐져 있던 찻잎들이 잠에서 깨어나듯 꿈틀꿈틀 움직이며 살아나는 것이었다. 신선한 충격이었다. 그동안 무심코 차를 마시다 보니 다관 속에서 무슨 일이 벌어지는지 생각해본 적이 없었는데, 맑고 향기로운 차를 만들기 위해 그 속에서 찻잎들이 부지런히 움직이며 자신의 향을 뿜어내고 있었다.

혼자 마시는 차

41

추운 겨울을 견디어 온 힘 다해 밀어 올린 새순은 생명의 원천인 땅의 기운들로 가득 차 있다. 차를 마신다는 것은 땅의 푸른 정기와 우주의 기운으로 내 영혼을 정화하는 것이다. 차를 잘 우려내는 방법은 여러 가지가 있고, 팽주烹主마다 노하우가 있겠지만 적어도 내가 차를 달일 때는 차와의 대화, 즉 느낌을 중요시한다.

물을 식힐 때도 찻잎이 '앗, 뜨거' 할 정도로 식히지 말고, '아, 따뜻해' 할 정도로 식혀야 한다. 그러고 나서 다관 속 찻잎이 놀라지 않게 조심해서 천천히 물을 붓는다. 이제는 다관 속 그들의 속삭임을 손으로 가슴으로 느껴야 할 때다. 이른바 '감정이입感情移入'. 내가 찻잎이 되어보는 것이다.

차가 적당히 잘 우러났다는 느낌이 들면 그 찻잎들이 뿜어낸 '향 물'을 잔에 따라놓고, 눈으로는 고운 연녹색 빛깔을, 코로는 그 맑은 향을, 입으로는 다섯 가지 삶의 체취를, 가슴으로는 천지의 무한한 기운과 진리를 온몸 구석구석 가는 핏줄까지 푸르게 물들인다. 그러면 내가 곧 차이고 우주이고 진리인 셈이 된다.

그리고 마무리는 백차로 한다. 일명 '군자차'라고도 하지만 사실은 맹물차다. 그러나 마지막 한 잔을 맹물로 입을 헹구면 하루 종일 입에 차향이 가득 찬다.

무문관 독방에서 나 홀로 차 한잔! 참, 좋다!

보릿짚을 태우는 냄새

저녁공양 후 문앞에 서 있는데 문살사이 그물같은 방충망으로 한줄기 바람이 스며들어 왔다. 거기에는 보리타작을 하고 난 뒤 보릿짚을 태우는 연기 냄새가 묻어 있다. 그래, 지금쯤이면 온 들판에 보리타작하는 농부들의 일손이 바쁘게 움직일 테지. 고맙고 반가웠다.

그 냄새는 단숨에 유년시절의 보리타작하는 산등성이 밭으로 나를 옮겨 놨다. 철모르던 시절, 보리타작하는 아버지 곁에서 나는 보릿짚을 뒤집어쓰며 마냥 뛰어놀기에 바빴다. 그러면 어김없이 온몸에 두드러기가 솟아났다. 아프고 무서워 울고 있으면 아버지는 짚을 한 묶음 묶어 끝에 불을 붙이고 불기운을 두드러기에 살짝살짝 쐬었다. 그리곤 꺼칠한 손으로 온몸을 쓰다듬으며, "두드러기 재우자, 두드러기 재우자"하셨다. 그러면 신기하게도 두드러기가 싸악 가라앉았다.

요즘에야 쓸모없어진 보릿짚을 태워 그 재는 거름 정도로 밖에 쓰질 못하지만, 그땐 아궁이 땔감에서 마굿간 바닥까지 버릴 게 없었다.

이젠 보기조차 힘들어진 밀도 그때는 꽤 많이 재배했었다. 밀이 여물기도 전에 동네 어귀에 있는 밀밭은 개구쟁이들의 단골 '밀 서리' 장이었다. 밭 언덕 후미진 곳에 모닥불을 피워놓고 말랑한 밀 이삭을 슬쩍 그을려 손으로 쓱쓱 비비면 파랗게 잘 익은 알맹이만 빠져 나왔다. 불 냄새가 나는 그것이 얼마나 맛있는지 먹어본 사람은 알 거다. 또 그것을 오래 씹으면 껌처럼 되었다.

내 유년 시절의 오월은 그렇게 얼굴에 숯 칠을 한 채 보리밭에서 황금색으로 여물어갔다. 이제 내 나이 벌써 마흔을 넘긴 오월의 막바지에서, 한줄기 바람에 연緣해 몇십 년의 시공을 초월한 유년의 동산에 놀다가 온 느낌이다. 그때 함께 뛰놀던 친구들은 지금쯤 다 뭘하는지…….

외눈박이 소나무

간밤에 잠을 설쳤다. 왠지 가슴이 답답해서 잠을 이룰 수가 없었다. 소화가 안 되는 것도 아닌데……. 새벽정진도 하는 둥 마는 둥 비몽사몽 헤매다 아침을 맞았다. 아침공양도 먹기 싫어 굶기로 했다. 어제보다 좀 나아진 것 같긴 한데 아직 그 기운이 좀 남아 있다. 오늘은 날씨도 영 신통찮다. 잠포록한 하늘에서 금세 비라도 쏟아질 태세다.

콩나물국에 밥 서너 술 말아 훌훌 마시는 걸로 간단하게 저녁공양을 마쳤다. 처음으로 밥을 남긴 탓에 국 통에 공양을 남겨 죄송하다는 쪽지를 써서 넣었다. 열심히 밥해주신 공양주 보살님께 미안해서…….

그것도 저녁 먹은 거라고 방 안을 왔다 갔다 포행을 하는데 큰절 쪽에서 뚝딱뚝딱 소리가 났다. 혜안 스님 장작 패는 소리였다. 혜안 스님이 거처하는 수도암은 장작불로 난방을 하기 때문에 시간 날 때마다 부지런히 땔감을 마련해야 한다. 근데 그 땔감이란 게 나를 기막히게 했다. 이른바 천연기념물로 지정된 백련사 동백림을 보호한다는 명목으로 족히 오륙십 년은 됐음 직한 우람한 소나무들이 무참히 잘려 나간 것이다. 오직 동백림 사이에 삐죽이 서 있었다는 죄만으로……. 소나무도 어디에 서 있느냐에 따라 훌륭한 재목으로 쓰이기도 하고, 땔감으로 비참한 최후를 맞기도 하는 것이다.

사람도 마찬가지. 아무리 위대한 사상을 가진 사람이라도 시대를 잘못 만나고, 자기를 지지해주고 보호해주는 숲을 만나지 못하면 결국 잘려나가게 마련이다. 동백림 사이에서 외눈박이 신세가 된 소나무를 보며, 나 또한 수행의 원림園林에서 얼마나 조화롭게 살고 있는지를 점검해볼 일이다.

보이는 것과 보이지 않는 것

열 시가 넘어 잠을 청하다 깜박 잊은 게 있어 손전등을 켰다. 이곳은 불을 끄면 완전히 암흑천지가 되기 때문에 머리맡에 손전등을 두어야 자다가 일어날 경우 어디에 부딪히지 않는다.

손전등을 켜서 방바닥에 눕혀놓고 책상 위에서 시계를 집어 내렸는데 이게 뭔가. 낮에는 보이지 않던 온갖 먼지 뭉치들이 손전등 불빛을 받아 방바닥에서 자욱이 빛나며 "나 여기 있어요" 하며 약 올리는 듯하다. 하기야 이 좁은 방 안에서 별의별 운동을 다하고 요 위에서 그렇게 포행을 했으니 먼지가 오죽이나 많았을까. 다만 낮이고 방문까지 닫아 놓았으니 빛이 차단돼 눈에 보이지 않았을 뿐이었다.

우리가 눈에 보인다고 해서 존재한다고 믿는 것과 보이지 않는다고 해서, 아니 내가 보지 않았다고 해서 믿지 않는 것과 무엇이 다르겠는가. 내가 보지 않았어도 존재할 것은 분명히 존재하고, 또 내가 보았다고 해서 보이는 것(實相)을 온전하게 봤다고 말할 수는 없다. 눈에 보이든 보이지 않든 태양은 분명 다시 떠오르고 진리의 수레바퀴는 겁劫 밖을 돌고 있다.

　나와 함께 갇혀버린 먼지 동지들이여, 내일은 내가 물에 목욕시켜 밖으로 내보내주마.

무문관 정진

무문관에서 정진하면서 좋은 점이 있다. 하루 온 시간이 나의 시간이다. 정진이 잘될 때는 언제든지, 며칠이고 삼매에 들 수 있고, 몸이 안 좋아 쉬고 싶을 때는 대중의 눈치 보지 않고 쉴 수 있다. 그리고 두 평 남짓한 독방에서 내 정진을 방해할 요소는 아무것도 없기 때문에 바깥 경계에 끄달리지 않는다. 나를 '살리는' 존재하는 모든 인연들에게도 가슴 깊이 감사함을 느끼게 한다.

한편으로 불편한 것도 있다. 먼저, 폐쇄된 공간이라 답답하다. 특히 밖에서 채워진 자물쇠가 가끔은 천 근의 무게로 내리누른다. 공양 후에 포행을 하지 못하는 것은 나를 제일 힘들게 하는 것 중 하나다. 자연을 몸으로 느끼지 못하기 때문이다. 또, 옆방 스님의 정진에 방해가 되지 않도록 사소한 움직임도 극히 조심해야 한다. 모든 소음의 최소화를 지향해야 한다. 또 정진 중 공부 진척의 경계가 왔을 때 이끌어줄 선지식을 대하기도 어렵다. 무문관을 파하고 나와 스스로 선지식을 찾기 전에는…….

무문관 정진에서 경계해야 할 것도 있다. 먼저, 자신과의 지나친 타협을 경계해야 한다. 나태에 빠지기 쉽기 때문에 정해진 일과표 대로 철저히 정진해야 한다. 다음으로 음식량 조절을 잘해야 한다. 식욕이 없어도 조금이라도 먹어야 하며 시장하다고 많이 먹는 것은 금물이다. 또 정진할 때 가능하면 옷을 갖춰 입어야 한다. 덥거나 불편하다고 상의를 벗고 앉으면 그 편함에 젖어 정진의 고삐도 느슨해지는 법이기 때문이다. 좋은 건강 상태를 유지하려는 노력도 필요하다. 무문관 정진은 곧 건강과 직결된다. 옆방에 피해가 가지 않는 범위 내에서 꾸준한 체력 관리가 필요하다.

내가 무문관을 짓는다면

대중 무문관이나 독립된 형태의 무문관을 지을 때 몇 가지 고려해야 할 사항이 있다.

먼저 공양간에서 가깝고 평길이라 공양 나르기 좋아야 한다. 응급 환자나 화재 발생 등 비상사태 발생 시 알리기 쉬워야 하고, 시봉하기 편한 곳이어야 한다. 인적이 없고 시야가 안정되며, 소음이 없어 산만하지 않은 곳으로 외부와 완전 격리된 곳이어야 한다. 또한 볕이 환하게 밝으면서도 습하지 않고 바람이 잘 통해야 한다.

가능하면 한 사람당 건물 하나로 독립된 형태를 이루어 다른 이의 정진을 방해하지 않아야 한다. 예를 들어, 방갈로 형태 또는 상황에 따라 한두 평 정도의 독립된 마당이 있는 것도 고려할 수 있다.

방문은 바깥쪽부터 방충·방음·보온, 여닫이·미닫이·새시 순으로 삼중문으로 한다. 여름에는 차광막이나 외부 차단용으로 발을 칠 수 있어야 한다. 방문 위에는 줄로 조정할 수 있는 해인사 선방식 환기 창문을 내면 좋겠다.

제일 바깥쪽 여닫이 방문은 나무, 유리, 문살 등 3단으로 나누어 만든다. 맨 위쪽 문살에는 방충망을 설치하여 여름에는 환기구로 이용하고, 겨울에는 광목이나 한지로 덧씌워 바람을 막는다.

여닫이 출입문

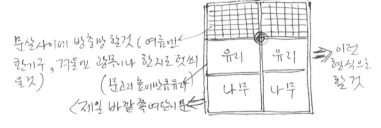

방 뒤쪽의 급식구는 가로 50센티미터, 세로 30센티미터로 만든다. 바깥쪽은 여닫이로 해서 한쪽 문만 열고 닫고, 안쪽은 새시로 제작한다.

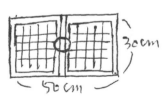

급식구

화장실은 샤워기 수도꼭지가 편해야 하고, 이중 선반을 설치한다. 세탁용 큰 고무 대야, 설거지용 중간크기 대야, 얼굴 씻는 상복대와 발을 씻거나 빨래하는 하복대, 빨래판, 그 외 필요 물품 등을 구비한다. 창문은 바깥쪽은 여닫이, 안쪽은 새시 및 방충망을 설치한다. 변기 및 하수관은 반드시 넓은 것으로 설치한다.

방 안 비치물의 경우 소모품은 수시로 요청하면 들여보낼 수 있도록 한다. 냉장고는 소음이 없거나 작은 최소형을 두되 가능한 밖으로 설치한다. 전자레인지, 간이 선풍기, 전기 주전자, 다기, 식기, 수저, 삼단 협탁, 간이 책상, 대나무 옷걸이, 이불과 옷을 각각 수납할 수 있는 2층 선반, 이불, 좌복은 얇게 솜을 넣어 가로 2미터, 세로 50센티미터 크기로 만들어 펴면 요 겸용으로 사용할 수 있게 한다. 가로세로 각 50센티미터 크기의 뒷좌복, 소음 및 파손 방지를 위해 가능한 플라스틱으로 된 쟁반과 접시 등의 집기 등을 둔다.

좌선 시 불의 밝기는 매우 중요하므로 실내조명은 반드시 조광등으로 한다.

밖에서 잠그는 자물통은 약 10센티미터 정도의 고리가 긴 것으로 한다. 왜냐하면 밖으로 살짝 밀면 문 아래 틈이 생겨 환기구 역할을 톡톡히 하기 때문이다. 난방은 심야 온수보일러로 하되, 가능하면 수치식 밸브를 설치하여 방마다 온도 조절 가능하게 한다.

방 구조는 아래 그림과 같다.

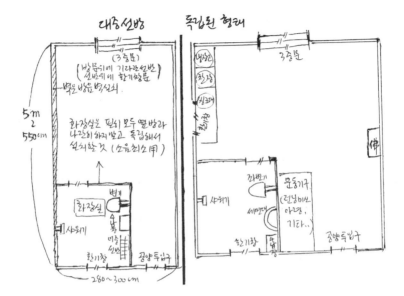

내가 꿈꾸는 수행처

수좌가 어느 산중에 머무르든지 그곳이 수행처이고, 주린 배는 선열禪悅로서 채울 일이지 무슨 수행처니, 토굴이니 하는 게 썩 내키지 않는다. 누구나 그러하겠지만, 나도 처음부터 개인 수행처를 생각한 건 아니다. 깨달음의 길은 멀고 험난하고 또한 기약조차 없다.

나도 한동안은 걸망 지고 구름처럼 떠도는 걸 원願으로 세웠었다. 물론 지금도 그런 마음이야 변함이 없지만, 이것도 나이라고 들고 자꾸 몸에 이상이 생기니 자연히 맘 편히 쉴 수 있고, 평소 꿈꾸어 오던 수행 도량을 생각하게 된 것이다.

나는 출가 무렵 몸이 많이 안 좋았다. 어찌됐건 그 인연으로 발심해서 출가했으니 제불보살님의 인도를 감사하게 여기고 있다. 또한 불보살님의 가피로 아직까지 숨 쉬며 수행하고 있으니 더욱 감격할 수밖에.

그러한 내가 출가할 때 세운 원 하나가 내 공부를 어느 정도 한 후에는 몸이 아파 공부를 하고 싶어도 하지 못하는 스님들을 위한 공간을 만들어, 쉬면서 정진하고 또 몸이 회복되면 다시 대중처소로 나가서 정진할 수 있는 수행 공동체를 만들겠다고 다짐한 것이었다. 종단이나 본사에서는 전혀 그런 쪽으로 관심조차 없으니 나 같은 무지렁이라도 나설 수밖에⋯⋯.

그분들을 위한 수행 공간은 무엇보다도 환경이 좋아야 한다. 인적이 드문 물 좋고 공기 맑은 곳이면 어느 곳이나 괜찮겠지만, 대중들이 같이 울력하며 먹고살 만한 넉넉한 채소밭과 찻물 걱정 안 할 정도의 물, 그리고 가능하면 의지할 수 있는 산자락이 넓어 골골마다 토굴 한두 개씩 지어 자유롭게 정진할 수 있으면 좋을 듯하다. 대중방은 언제든지 정진할 수 있게 개방을 하고, 공양은 한곳에 모여 같이 한다.

수행은 서로 방해받지 않고 자유롭게 하되 무문관 수행을 하든지, 아픈 몸 회복을 위해 자유롭게 정진을 하든지, 혹은 그런 스님들을 외호하며 복을 짓는 정진을 하든지, 사부대중四部大衆이 '수행'이라는 한마음으로 모인 공동체였으면 하는 것이다. 인연 따라 복력에 따라 수행처의 규모도 정해지겠지만, 움막이면 어떻고 초가집 몇 채면 또 어떠랴. 몸과 마음이 힘들고 아픈 수행자들이 맘 편히 쉬고 치료하고 다시 제방 선원으로 나가 정진할 수 있는 수행처를 언젠가 누군가는 꼭 만들어야 한다.

그림은 언젠가 세워질 수행처를 형상화해서 만들어본 것이다.

샴발라 명상센터Shamballah Zen Center

Shamballah(샴발라)는 산스크리트어로 '평화롭고 고요한 곳'이라는 뜻이다.

Shamballah Zen Center
샴발라   명상센터

우주법계, 진리를 싱징하며 아홉 개의 빛 줄기는 부처님의 깨달음 광명, 구광九光을 표현한 것임.

설산雪山(히말라야), 수미산 상징, 피라미드 형으로 기운 생동하는 곳

설산 깊숙이 존재하는 청정수를 표현한 것으로 물결언덕 여섯 개는 육바라밀, 육각수(생명수)를 상징한다.

Shamballah : 티베트, 중앙아시아 어딘가에 숨겨진 신비의 왕국으로 전해진다. 늘 푸르고 고통이 없는 신선들의 낙원과 같은 곳인데 티베트 불교에 흡수되어 이상세계인 불국정토佛國淨土와 같은 곳으로 인식하고 있다.

mother earth(어머니의 땅 지구)를 상징하며, 물결무늬 세 개는 삼법인을 의미함.

하늘이 잔뜩 흐려 있다. 바람도 꽤 쌀쌀하다.

오늘 아침 포단 위에서 왜 이리 설움의 눈물이 복받치는지 모르겠다. 그래, 울고 싶을 때 실컷 울자. 좌복 위에 엎드려 얼마나 있었는지 모르겠다. 희미하게 들리는 빗소리에 일어나 보니 좌복에 눈물이 범벅이다.

오늘부터 큰절 사시예불 시간에 맞춰 옷도 다 갖춰 입고 가사袈裟를 수한 다음 법당 쪽을 향해 삼배씩 하기로 했다. 그리운 부처님을 향해서⋯⋯. 방 안에서 처음으로 입는 가사다. 제불보살님 전에 온 마음 모아 삼배를 올리는데 또 왜 이리 눈물이 앞을 가리는지 모르겠다. 절할 때마다 좌복 위로 눈물이 빗물처럼 뚝뚝 떨어진다. 가사를 수하고 예불까지 마치니 마음이 한결 편안해진다. 내 외로움과 고통, 번민까지 묵묵히 지켜보며 위로해주는 이는 그래도 부처님과 가사밖에 없구나.

비가 밤늦도록 내리고 있다. 장마가 시작되나 보다.

다시 유월에

내 삶에 있어 큰 굽이를 많이 간직한 유월이다. 영혼을 훔쳐가는 짙은 밤꽃 향기, 수컷을 불러대는 처절한 첫 매미 소리, 밤에 목이 터져라 울어대는 소쩍새 소리, 어느 수좌의 한을 풀어내는 휘파람새 소리, 앞산 가득 피어오르는 연우煙雨의 슬픈 알갱이들, 마지막 가는 봄이 아쉬워 목이 쉬는 뻐꾸기 소리, 길가 돌틈새 보랏빛 함초롬한 꿀풀 향기, 농부들의 꿈이요 목줄인 모내기, 큰아들 입대한다고 역까지 배웅 나오신 늙은 아버지, 그리고 세상 온갖 설움 간직한 채 어느 날 산으로 훌쩍 떠나온 한 사내…….

올 유월은 또 어떤 일들이 나를 기다리고 있을까. 저승사자도 비켜간다는 무문관에서 정진 중이니 큰 장애는 없겠지.

새벽 네 시 사십오 분, 어김없이 첫 새가 운다. 참 신통하기도 하다. 저 새는 시계도 없을 텐데 어쩜 저리도 같은 시간에 첫 울음을 내는 걸까. 우리가 알고 있는 시간이라는 개념. 우리가 선을 긋고 시간을 나누기 이전부터 만물은 본능적으로 그들만의 시간을 알고 지키는 것이다.

그냥 보아 넘길 게 하나도 없는 세상이다. 나만이, 인간만이 최고이고 영물이라는 생각은 얼마나 잘못된 생각인가. 사바에 존재하는 온 중생들이 언제쯤 조화롭게 서로를 인정하고 배려하며 살 수 있을까.

새벽바람이 오늘은 꽤 쌀쌀하다.

샘물과 지하수

아침공양 후 쪽지가 하나 들어왔다. 큰절 수중모터가 고장이 나서 물이 부족해 이곳까지 올라오지 못하니 죄송하다는 것이다. 그래서 물을 틀어보니 아직 나오고 있길래 끊기기 전에 여기저기 있는 대로 받아 두었다. 변기, 양치, 설거지 등 기본적으로 물이 필요하기 때문이다. 한바탕 부산을 피우고 자리에 앉았다.

사실 무문관 뒤에는 아주 좋은 샘물이 하나 있다. 절에서 오래 근무한 거사님 얘길 듣고 확인차 살펴보았는데 수량도 제법 되고 물맛도 괜찮았다. 아마 무문관을 지으면서 충분한 양을 공급하지 못할 것 같으니까 큰절 지하수를 여기까지 끌어올려 쓰게 된 모양이었다.

산에 살다보면 물과 인연이 잘 맞아야 한다. 요즘에야 아무곳이나 뚫으면 물이 나오지만 예전 스님들이 절터를 잡을 때 물이 얼마나 있는지 보는 것은 필수였다. 이곳도 무문관 짓기 전엔 그 샘물로 충분했을 터이나 이걸 짓고 나서부터 그냥 버려진 샘물이 되었다.

나도 예외는 아니지만 요즘 사람들이 물을 오죽 헤프게 써야지. 전에 통도사 선방에 살면서 옆에 앉은 양현 스님과 재미삼아 휴대용 수질검사기로 산내 암자 수질을 측정해본 일이 있다. 그런데 그렇게 유명한 약수며 지하수들도 흐르는 물보다 못한 것이었다. 아무리 좋은 약수라도 계곡에 자연스럽게 흐르는 물보다는 좋지 않은 것이다.

지금도 무문관 뒤 옹달샘은 두껑이 닫힌 채 찰랑찰랑 그냥 넘쳐 흐르고 있다. 정말 아깝지만, 이번 철은 그냥 수도관으로 나오는 지하수를 먹을 수 밖에……. 하기야 염소 소독 냄새나는 도시의 수돗물보다야 백배 낫지.

뻐꾸기 이 못된 놈

눈을 뜨니 새벽 두 시 반이다. 찬물에 세수하고 좌복에 앉았다. 투명한 신념, '이-뭣-고'!

큰절 공양 시간이 일곱 시니까 혜안 스님이 공양 후에 무문관 대중공양을 짊어지고 올라오면 우리는 일곱 시 사오십 분이 돼야 먹을 수 있다. 혜안 스님은 사미인데 신심도 있고 힘도 있어 뵈고 무엇보다 맑아서 참 좋은 느낌이 든다. 오늘은 찬이 꽤 많다. 상추쌈, 검정콩 조림, 단무지가 추가됐다. '사각사각' 소리까지, 단무지가 이렇게 맛있는 줄 예전엔 몰랐다.

아침은 간단히 먹고, 점심은 든든히 먹고, 저녁은 소박하게 먹는다. 운동량이 적기 때문에 공양을 적절히 조절하지 않으면 그날 정진은 실패다. 틈틈이 절을 하거나 운동을 해서 소화도 시키고 꾸준히 자기 관리를 하지 않으면 한 철 견디기가 힘들다.

열한 시쯤 돼서 잠시 다리를 풀며 차 한잔 했다. 도반道伴이 쌍봉사에서 직접 만든 햇차다. 맛도 좋지만 정성이 고맙다. 한지로 스며드는 따사로운 햇살을 바라보며, 문밖 세상 보이지 않는 온갖 모습들을 하나씩 마음에서 비워낸다. 고요히 앉아 혼자 따르는 찻물 소리가 마치 천상에서 떨어지는 감로수 소리 같다.

아, 이 행복감! 가슴 가득 밀려오는 선열禪悅.

"제불보살이시여, 이 한 몸 수행자로 살아 있게 하심을, 이 한 철 백련사 무문관에서 정진하는 인연을 주심을 눈물겹도록 감사드립니다."

열두 시가 다 돼서 방선을 하는데 눈앞 방바닥에 까만 점 하나가 꿈틀했다. 티끌인가 했더니 움직이는 벌레였다. 좁쌀보다 작아 보이는데 방에 들어와서 길을 잃은 듯했다. 조심스레 종이 위에 올려서 문틈 밖으로 내보냈다. 평소 같으면 눈에 띄지도 않았을 텐데 좌선 공덕으로 한 목숨 살려낸 것이다. 산다는 것은 소중하다. 벌레는 벌레의 하늘만큼, 나는 나의 하늘만큼…….

점심을 먹고 포행하다가 이곳에서 처음으로 뻐꾸기 울음소리를 들었다. 뻐꾸기가 울면 봄이 간다고 했는데 이제 정말 봄이 가긴 가나 보다. 예전에 다큐멘터리를 본 적이 있는데 뻐꾸기는 자기 둥지를 틀지 않고 오목눈이 둥지에 몰래 알을 낳았다. 둥지 주인은 그것도 모르고 열심히 알을 품었다. 그런데 제일 먼저 부화되는 놈이 뻐꾸기였다. 이놈은 눈도 채 뜨기 전에 본능적으로 나머지 알들을 떠밀어 둥지 밖으로 떨어뜨렸다. 어미 새는 그것도 모르고 하나 남은 새끼를 더욱 지극으로 먹이를 물어주며 보살핀다. 얼마 가지 않아 새끼는 어미 새보다 몸집이 더 커졌다. 마치 새끼가 어미에게 먹이를 물려주는 모습 같다. 그렇게 장성하면 뻐꾸기는 그 은혜를 아는지 모르는지 나 몰라라 하고 제 갈 길로 가버린다. 정말 못된 놈이다. 사바세계에도 자기만 잘 먹고 배부르면 남이야 굶어 죽든 말든 상관하지 않는 뻐꾸기 같은 사람들이 많이 있다. 그 지중한 업을 다 어찌할 것인지. 최소한 남에게 피해는 주지 말고 살아야지……

오후부터 흐리더니 다섯 시경엔 비가 조금씩 내리기 시작했다. 가만히 오는 비는 정말 곱기도 하다. 먼저 후박나무 잎을 살짝 밟고 마당에 사뿐히 내려앉는다. 그 소리가 마치 고운 님이 가만가만히 오솔길을 걸어오는 소리 같다. 더위에 축 늘어져 있던 후박나무 잎들이 몸을 살랑살랑 흔들며 반갑게 비님들을 맞이한다. 마당에 피어 있는 자운영 꽃 몇 송이, 토끼풀, 이름 모를 조그만 잡초들도 금방 생기를 되찾으며 즐겁게 샤워를 한다.

저녁 일곱 시, 큰절 저녁예불 종소리가 들린다. 하루 정진 시간 중 새벽 네 시부터 한 시간, 저녁 일곱 시부터 한 시간이 제일 좋다. 하루의 시작과 끝. 빛이 오는 시간과 돌아가는 시간. 싸한 바람이 문틈 사이로 비집고 들어와 얼굴에 와 닿는 느낌이 정말 좋다. 주위가 고요해지고 화두도 순일하다. 곁들여 큰절 예불 종소리가 영혼 깊숙이 침잠해 있는 '자성불自性佛'을 불러내는 것 같아 그것 또한 좋다.

저녁 방선 후 자려고 일어서니 세상이 온통 개구리 울음소리로 가득하다. 얼마나 많은 개구리들이 울어쌓기에 이 높은 산중까지 메아리쳐서 수좌의 마음을 흔들어놓나. 지금이 한창 모내기철이니 물이 가득한 논에서 제 세상 만난 듯 마음껏 생의 찬가를 부르는 개구리 떼가 한편 부럽기도 하다. 두 손을 모아 귀를 앞으로 기울이니 이런 화려한 개구리 울음 스테레오도 없다. 그래, 실컷 울어라. 아니, 신나게 노래해라. 이 순간은 오직 너희들 세상이다.

밤낮으로 우는 새

다시 새벽, 찬물에 낯을 씻고 남으로 향해 좌정坐定한다. 풀벌
레 소리, 밤새 소리. 그러고보니 밤낮으로 우는 새가 있다. '홀
딱벗고' 새이다. 원래 이름은 검은등뻐꾸기인데 우는 소리가 꼭
'홀딱벗고' 하는 것 같아서 그냥 지어 부르는 이름이다. 대개 낮
에 우는 새와 밤에 우는 새가 구분되는데 이 새는 거의 밤낮이
없다. 도대체 밤낮으로 '홀딱 벗어' 어쩌자는 것인지. 뭐 그럴만
한 사정이 있겠지.

　너무 부지런해도 장한 생각이 드는 게 아니라 저 새처럼 딱
한 생각이 들기도 한다. 뭐든 너무 지나치면 차라리 모자람만
못하다. 너무 완벽하면 주위 사람이 피곤해 하며 꺼린다. 마치
물이 너무 맑아도 고기가 살지 못하는 것처럼.

　보름으로 치달은 달은 다시 스스로를 비워내야만 한다. 꽉 차
있다는 것은 왠지 불안하다. 언제 터질지 모른다. 조금은 부족

하게 내 주변의 삶들을 비워두자. 그래야만 늘 겸양하고, 채우려는 노력으로 삶이 아름답고, 사유의 뜨락도 넓어질 테니까.

　점심공양 후 의자에 앉아 쉬는데 밖이 갑자기 소란하다. 신발 없이 문이 잠겨 있으니까 길을 잘못 든 등산객들이 빈집인줄 착각하고 요란스럽게 떠들며 마당을 지나간다.

절을 하면서

새벽 방선 후와 오후 방선 후에는 절을 한다. 좁은 공간에서 마땅히 할 운동도 없거니와 무문관에서의 최고 운동이 바로 절이기 때문이다.

처음 절을 시작할 때 어디를 보고 할까 하다가 횃대에 걸린 가사를 보면서 하기로 했다. 가사는 곧 삼보三寶의 상징이니 이만한 성물聖物이 또 있으랴. 절은 아주 천천히 한다. 무릎관절을 다친 후 제대로 절을 못 하기 때문이다. 학인 시절 무리하게 산을 타다 다친 후 지금까지 부끄러운 얘기지만 백팔배 한 걸 헤아리면 아마 백 번도 안 될 것 같다. 그만큼 절을 할 때 통증이 심하기 때문이다. 당시 치료차 대구 불교한방병원에 다닐 때 원장이 했던 말, "스님은 앞으로 참선하기는 틀렸습니다. 무릎 연골은 한번 상하면 회복하기 힘들어요." 이 말을 듣고 얼마나 낙담했는지 모른다. 출가 수행자가 참선을 하지 못하면 뭘 한단 말인가. 지금이야 꼭 참선만이 수행의 전부는 아니며, 선방에 가도 요령껏 다리를 조절해서 견디기는 하지만, 그때 원장의 말은 몸과 마음을 아주 힘들게 했다.

당시 심하게 아플 땐 예불공양에 참석 못 할 정도였으니, 그것도 해인사 강당에서 얼마나 눈칫밥을 먹었겠는가. 군대 있을 땐 훈련 많기로 소문난 보병 8사단에서 완전군장하여 30킬로미터 산악 구보까지 선수로 뽑혀 나갈 정도로 건강한 다리였는데……. 한번 다친 다리는 그 후 영 회복되질 않았고, 오죽하면 강원 졸업하기 전 가야산 마애불 한 번 참배하고 가는 것을 원으로 세울 정도였다. 결국 엉금엉금 기다시피 마애불을 참배하긴 했지만, 그때 마애불 앞에서 흘린 눈물은 지금도 잊지 못한다. 어찌 보면 내 수행의 과정은 무릎 관절염과의 싸움이었는지 모른다.

해인사에서 선방 첫 철을 나면서 요령껏 앉지도 못한 채 쉬는 시간만 되면 지대방에서 아픈 무릎을 주무르느라 구참스님들 눈치도 꽤 보았다. 남의 속도 모르고 첫 철나는 놈이 신심이 그 정도밖에 안 되냐 하며 얼마나 흉봤을까.

그 후 계속 선방에 다니면서 나름대로 자세를 터득했다. 혼침이 오거나 신심이 퇴굴退屈하면 결가부좌로 앉는 것이 제일이나 그렇게 십 분만 했다간 까딱하면 한 철 내내 고생한다.

그냥 좀 졸더라도 평좌나 반가부좌가 내 다리 사정으로는 제격이다. 또 해인사 선방은 새벽 방선 후 대중이 꼭 백팔배를 하는데 그것 또한 보통 고역이 아니다. 눈치껏 천천히 하긴 해도 대중들 시선을 의식하지 않을 수 없다.

무릎이 시원찮으니 그렇게 좋아하던 산도 제대로 탈 수 없다. 산을 너무 좋아하다 무릎을 다쳤으니 지금의 답답함이야 어찌 말로 다 하랴. 그래도 지금 이 정도나마 다닐 수 있고, 선방도 그럭저럭 무릎 사정 봐가며 다닐 수 있으며, 최소한 부처님께 예불 정도는 거뜬히 할 수 있으니 감사한 마음이다.

절을 하다가도 아픈 신호가 오면 즉시 그만해야 한다. 참고 했다간 아주 고생을 한다. 아주 천천히, 무릎과 대화를 하면서, 온 정성을 다해 절을 할 수 있는 데까지 하고 나면 온몸에 땀까지 난다.

절을 하면서 내 무릎의 역사와 수행의 여정까지 들추게 됐다.

모든 건 때가 있다

점심공양 후 후식으로 은행을 전자레인지에 구웠다. 늘 하는 거라 익숙하게 식기 뚜껑에 여덟 개를 담아 일 분을 돌렸다. 그런데 꺼내놓고 다른 일을 하느라 그것을 깜박 잊었다.

한참 후 은행이 생각나 까먹으려 하니, 손가락으로 한 번만 쓱 비비면 쉽게 잘 벗겨지던 속껍질이 식어버린 후에는 아무리 애를 써도 알맹이에 착 달라붙어 영 떨어지질 않는 것이다. 그렇게 애를 쓰고 알을 까먹어보니 막 구웠을 때의 그 구수한 맛은 어디로 가고 시들해져 탄력도 없고 맛 또한 별로였다.

모든 일에는 알맞은 때가 있다.

'알맞다'는 것은 '잘 맞는 때를 안다'는 말이다. 때를 잘 맞추면 힘든 일도 손쉽게 처리하고, 삶도 술술 잘 풀린다. 그런데 때

를 잘못 맞추면 엉킨 실타래를 푸는 것처럼 힘들고 고단한 삶
을 살게 된다.

　지금은 해인사 공양간도 밥을 쪄서 내지만 우리 강원 시절
만 해도 가마솥에서 밥을 했다. 그때 밥 짓는 모습을 유심히 보
면 김이 솟아나는 솥 옆에서 공양주 행자님이 연신 냄새를 맡
고 있었다. 밥이 어떻게 되어가는지 솥 안 사정을 김 냄새로 짐
작하는 것이다. 그러다가 어느 한순간 "불 빼" 하는 소리와 함
께 아궁이에서 활활 타던 장작불을 모두 끄집어냈다. 그 몇 초
의 시간에 밥이 타거나 설익거나가 결정되었던 것이다.

　모든 건 때가 있다. 공부할 때, 추수할 때, 대화할 때, 정진 중
경계가 왔을 때와 선지식을 찾을 때(줄탁동시啐啄同時), 풀 빨래를
걷어야 할 때 등……. 가슴을 활짝 열고 그 '알맞은 때'가 보내
는 신호를 놓치지 말자.

철저히 살고 철저히 죽으라

새벽 두 시. 나도 이젠 장판 때가 조금 묻었는지 시계가 필요 없을 정도로 이 시간이면 자동으로 일어난다. 누가 깨워주는 것도 아니고 또 일어나기 싫으면 늦잠을 자도 되는데. 오히려 그것이 더 큰 중압감으로 다가온다. 나 자신과의 싸움에서 지기 싫은 까닭이다. 이번 기회에 나란 존재의 모든 것을 차분히 점검하고 고칠 것이 있으면 애쓸 일이다.

첫 새가 울면 이제 습관적으로 시계를 본다. 약간의 오차는 있으나 거의 네 시 사십오 분경에 운다. 이 새는 목청이 너무 곱고 곡조 또한 현란해서 꼭 중국말로 "워 아이 니, 니 하오 마, 푸르릉" 하고 노래하는 것 같다. 노래의 레퍼토리도 다양해서 대략 예닐곱 가지는 될 것 같다. 경이로운 새다. 이 새가 울기 시작하면 먼저 같은 종류의 새들이 깨어나고 이어서 다른 새들도 하나씩 깨어나기 시작해 다섯 시쯤 되면 온 숲이 시끌벅적

하다. 저 많은 새들이 다 어디에서 잠들었다가 이렇게들 깨어나는지…….

강원 졸업 후 어느 해인가 금산사에서 무비 스님을 모시고 《화엄경華嚴經》〈십지품十地品〉 강의를 들은 적이 있다. 어느 날 스님께서 말씀하셨다.

살 때는 삶에 철저하여 그 전부를 살아야 하고
죽을 때는 죽음에 철저하여 그 전부를 죽어야 한다
生也全機現 死也全機現

한마디로 정리하면 '전기생全機生 전기사全機死!', 철저히 살고 철저히 죽으라는 말이다. 원오극근圓悟克勤(1063~1135) 선사가 하신 말씀인데 참으로 간절하게 와닿았다. 수행자라면 누구나 이 말씀을 가슴에 담고 살아야 할 것이다. 살아가면서 다가오는 모든 경계에 '전기생'을 한다면, 좀 더 '향상일로向上一路'가 되지 않을까?

우리네 삶도 마찬가지. 비유컨대 권투 선수가 3라운드를 정하고 경기에 임했을 때 마지막 라운드를 마치고도 남은 기운이 있다면 그 경기는 최선을 다하지 않았다는 것이다. 흔히 사람들은 결혼을 사랑의 최고 정점으로 본다. 아무리 좋던 연애 시절도 결혼을 하고 나서부터는 서서히 내리막길로 접어든다. 결혼

전에는 그 사람의 좋은 점만 보이다가, 결혼을 하고 나서부터는 그 사람의 단점만 보이기 시작한다. 전에 아는 분의 자제가 결혼을 앞두고 인사를 하러 왔었다. 내가 부탁했다.

"두 분은 지금부터가 사랑의 시작이니, 죽음에 이르러서가 사랑의 정점이 되게 하시라." 모든 일에는 때가 있다. 영혼을 바쳐 열심히 살 때가 있고, 세상에 단 한 점의 미련도 없이 확실하게 죽어야 할 때가 있다. 그러기 위해선 살아 있는 동안 매 순간에 충실해야 한다. '전기생 전기사'. 삶을 완전히 연소해야 한다.

마당 위로 쏟아지는 햇살. 아! 살아서 숨 쉬고 있음이 눈물 겹도록 고맙다. 오후 방선 후 운동을 쉬고 다판을 열었다. 오늘은 구미 원흥사 지훈 스님이 준 오신차五神茶와 맥아차를 먹기로 했다. 반씩 섞어 먹으면 구수한 숭늉 맛 같기도 하고 뒷맛이 달콤한 게 먹기 좋다. 전에 다쳤을 때 어혈 푸는 약을 한 달간 먹으라 했지만, 괜찮겠지 하고 내버려 뒀었다. 그런데 그 영향인지 부딪힌 곳과 온몸 여기저기가 바늘로 찌르듯이 아팠다. 누가 어혈이 돌아다니는 거라 했다. 이 차가 어혈 푸는 데 좋다 해서 가져왔는데 막힌 혈이 슬슬 풀렸으면 좋겠다. 더불어 이것저것 상념들로 막혀 있는 화두길도 시원스레 뚫려가면 얼마나 좋을꼬.

절을 무리하게 했는지 아침부터 왼쪽 무릎이 시큰거리며 아팠다. 낮에는 그럭저럭 견딜 만했는데 저녁이 되자 더 심하게 아파왔다. 몸도 기운이 없고 나른해지며 머리도 묵직해졌다. 갑자기 몸 상태가 많이 안 좋다. 어떤 땐 요 위를 잘 걷지도 못할 정도다. 이렇게 되면 당분간 정진하기가 힘들다. 나는 내 다리 사정을 훤히 알기 때문에 증상만 보면 '아, 이건 며칠 걸리겠다' 가 딱 나온다. 그런데 조금 심상치 않다. 몸에 한기도 조금 있는 게 몸살까지 겹치는가 보다.

입방 첫날부터 틈을 주지 않고 용맹정진하듯이 밀어붙였더니 몸에서 좀 쉬라는 신호를 보내는 모양이다. 비상약으로 가져온 게 해열 진통제뿐이니 그거라도 먹어야겠다. 따끈하게 꿀물 한 잔을 타서 먹었다. 오늘은 일찍 자자. 내일은 거뜬히 일어나야 하는데……

글자들의 색깔

처음으로 새벽 종소리를 못 들었다. 자기 전에 먹은 약에 취하고, 깊은 어둠에 빠져 늦잠을 잤다. 눈을 뜨니 다섯 시였다. 몸은 아직 별 차도가 없다.

아침공양 시간. 공양하다가 어디서 나왔는지 정말 콩알만한 돌이 입안에서 굴러나왔다. 처음에는 이가 빠졌나 하고 깜짝 놀랐다. 뱉어보니 돌이었다. 이렇게 큰 돌은 처음이다. 기념으로 책상위에 올려놓았다.

몸이 아프니까 별생각이 다 떠올랐다. 아픔, 슬픔…… 하다가 보니 공통점이 뒤에 '픔' 자가 붙었다. 그러고 보니 고달픔, 배고픔, 보고픔……. 하여간 '픔' 자가 붙으면 왠지 가슴이 저리고 괜스레 눈물이 핑 도는 느낌이 온다.

'첫' 자의 의미는 뭘까? 첫사랑, 첫 마음, 첫새벽, 첫차, 첫날, 첫 경험, 첫 수업, 첫 만남, 첫 닭 울음소리……. '첫' 자는 왠지 듣기만 해도, '첫' 하고 발음만 해도 설레는 느낌이 온다.

'햇' 자는 또 뭐가 있나? 햇차, 햇살, 햇 스님, 햇과일, 햇……. 이 자에는 뭔가 '신선함'이 가득 묻어 있다.

'새' 자에는 어떤 게 있나 보자. 새날, 새색시, 새 밥, 새 학년, 새 차, 새것, 새벽, 새 마음, 새 옷, 새집……. 변화가 느껴진다.

'림' 자에는 기다림, 시달림, 신내림, 울림……. 이 자는 쓰다 보니 별로 공통점이 없는 것 같다.

필기구 단상

일기를 쓰다보니 이런저런 필기구를 사용하게 되어 망상 하나 일으켜본다.

'연필'은 보통 철이 들기 전 초등학생 시절에 많이 사용한다. 까만 심이 닳으면 칼로 조심스럽게 나무를 벗겨내고 속살을 다듬어야 한다. 누가 '연필 부인 흑심 품었네' 하고 우스갯소리를 지어냈지만 향냄새가 솔솔 나는 나무속에 까맣게 숨어 있는 속살은 어쩌면 정말 흑심(?)을 품고 있는지도 모른다. 초등학생 때 연필을 사용하는 것은 잘못 써도 지울 수 있기 때문이다. 그만큼 실수를 해도 용납이 된다는 뜻이다. 어쩌다 불량 연필이라도 사면 나무도 잘 깎이질 않고, 심의 질도 좋지 않아 침을 묻혀 꾹꾹 눌러쓰곤 했는데, 서울 편집장 시절에는 가끔 그 시절이 그리워 연필로 교정을 보기도 하고 글을 쓰기도 했다. 하여간 연필의 최대 장점은 잘못 쓴 글씨를 고쳐 쓸 수가 있다는 것이다.

'만년필'은 쓰기가 참 편하다. 연필처럼 깎을 필요도 없고 또 희미하지도 않다. 연필이나 볼펜처럼 꾹꾹 눌러써야 하는 불편도 없고 잉크만 보충해주면 정말 만년 동안이라도 쓰일 것같이 술술 잘도 써진다. 그러나 물만 닿으면 글씨가 번져 못 알아보는 단점이 있다. 잉크를 사용하는 펜을 써본 사람은 누구나 잉크를 쏟거나 잉크가 번져 낭패를 당한 경험이 있을 거다. 내 유년 시절에 만년필은 보통 중학생이나 돼야 쓸 자격이 됐는데, 초등학생 때부터 부잣집 애들은 벌써 만년필을 자랑하며 다니기도 했다.

그것이 어찌나 부러웠던지……. 무엇이든 나이에 맞게 물건도 사용해야 한다. 지우개로 지울 수 있는 연필은 실수를 해도 용서받을 수 있는 애들한테 어울리는 것이고, 두 번 다시 고쳐 쓸 수 없는 만년필은 자기 행위에 책임을 질 줄 아는 청년부터 써야 맞는 것이다.

나는 철들면서부터 유난히 만년필에 대한 집착이 강했다. 요즘은 그렇지 않겠지만 내가 중학교, 고등학교 다닐 때만 해도 입학이나 졸업 선물은 만년필이 단연 으뜸이었다. 그때는 파카나 몽블랑 같은 외제는 비싸 엄두도 못 내었고, 그나마 서민용인 빠이롯트나 아피스 등이 인기였다. 나도 이런저런 만년필을 사용해봤으나 늘 가슴에 하얀 별을 간직한 몽블랑 만년필 하나 갖는 게 꿈이었다. 그 꿈은 출가한 후에나 이루어졌다.

해인사 학인 시절, 몇 년의 용돈을 모아 몽블랑 만년필과 보충용 잉크 한 병을 사서 책상 위에 올려놓고 처음 글을 써보던 감격을 잊지 못한다. 별로 글 쓸 일이 없어도 늘 호주머니에 넣고 다니기만 해도 왠지 시상詩想이 절로 떠오를 것 같은 뿌듯한 몽블랑 만년필. 꽁지에 마크처럼 붙어 있는 하얀 별은 몽블랑 산 위의 녹지 않는 만년설을 상징한다는 걸 뒤늦게 알았다.

그러니까 만년이 지나도 가슴에서 녹지 않고 강물이 되어 흐르는 글을 써야 하는데 아직 나는 그 만년필을 쓸 자격이 부족하다. 지금도 걸망에 넣어 다니긴 하나 가끔 원고 청탁을 받거나 시를 쓸 때나 원고지를 펼쳐놓고 사용할 뿐 보통 땐 잘 사용하지 않는다. 어쩌다 만행 중에 짐을 정리하다가 걸망 한구석에서 파란 실로 짠 옷을 입고 있는 그 소중한 만년필을 발견하면, 문득 학인 시절의 아련한 추억과 한때 문학을 향한 열정이 있었던 자신을 돌이켜 보며 가만히 어루만져본다. 지난번 지인을 거리에서 만났는데 연락처를 묻기에 만년필을 꺼내 주소를 적어줬더니 아주 신기하게 쳐다보며 "이야, 요즘도 만년필 쓰는 사람이 다 있네" 하며 놀라워했다. 참으로 격세지감隔世之感이 드는 것은 어쩔 수가 없다.

'볼펜'의 등장은 만년필이나 펜촉에 잉크를 묻혀 사용하던 세대들에게 혁신적인 상품이었다. '모나미 153 0.7', 몸통은 하얗고 머리와 꽁지는 까만, 그리고 가느다란 속살과 다리엔 용수철을 칭칭 감은 볼펜의 원조. 그 볼펜이 지금도 내 책상에 있어 그 시절의 향수를 자극한다. 꾹꾹 눌러써야 하고, 쓸 때마다 생기는 분비물이 공책을 더럽혀 자주 닦아주며 사용해야 하는 불편함이 있다. 또 오래 두면 잉크가 번져 글씨가 탁해지는 단점이 있다. 그럼에도 불구하고 최대의 장점은 물에도 잘 지워지지 않는다는 것이다.

'붓'은 이 모든 펜들의 원조라고 할 수 있는데, 이제 실용성을 앞세운 온갖 필기구의 발달로 취미로 서예를 하는 분이나 그림을 그리는 분들의 전유물쯤으로 전락한 지 오래다. 그러나 붓을 사용해본 사람은 안다. 벼루에 물을 붓고 조심스럽게 정성껏 먹을 갈아 붓에 듬뿍 먹물을 찍어 하얀 한지 위에 일필휘지一筆揮之로 쓱쓱 글을 써 내려갈 때의 그 시원하고 통쾌함을. 문명의 흐름에 어쩔 수 없이 자리를 내주긴 했지만, 천년을 거뜬히 버텨내는 한지와 먹으로 쓴 붓글씨는 편리한 것만 추구하는 우리에게 진실로 소중한 것이 무엇인지를 가르쳐주고 있다.

모든 것에는 양면성이 있게 마련이다. 좋은 점이 있으면 단점도 있고, 오르막이 있으면 그 너머엔 반드시 내리막이 존재한다. 꾹꾹 눌러써야 하는, 그래서 팔 힘이 더 들긴 해도 볼펜이 버텨주는 데까지 되도록 일기는 그것으로 쓰려 한다.

이 힘든 무문관 시절을 좀 더 지워지지 않는 내 수행의 흔적으로 오래 남겨두기 위해서…….

새벽 종소리를 들으며

새벽을 열어 세상을 깨우는 것에는 여러 가지가 있다. 가난한 고학생의 신문 돌리는 발걸음 소리, 아직도 푸른 파도가 묻어 펄떡이고 있는 수산 시장의 경매 소리, 삶의 푸른 꿈을 이루기 위해 수험생들이 차가운 물에 세수하는 소리, 자식 혹은 그 무엇을 위해 정화수 떠놓고 기도하는 우리네 어머님들의 떨린 목소리……

이 모든 것들 가운데 숭고하고 아름답지 아니한 것들이 없다. 하지만 잠들어 있는 산하를, 무명無明에 덮여 있는 사바세계를 흔들어 깨우는 산사의 새벽 종소리야말로 그 모든 새벽 소리를 감싸 안고 승화시킬 수 있는 가장 수승한 소리일 것이다.

세상에 존재하는 온갖 고통 소리를 감싸 안고자, 아니 그들에게 온 힘을 다해 무명을 벗어나는 진리의 범음梵音을 들려주고자 지금도 온 산하의 새벽을 흔들어 깨우고 있는 것이다.

천지의 가장 맑은 기운이 생동하는 새벽. 만물이 고요히 숨죽이고 생명의 찬가를 경청하는 이 시간. 이 신새벽에 길을 나선 한 청년이 있었다. 십칠 년 전 바로 오늘, 6월 6일. 결코 풀리지 않는 존재의 근원을 풀고자, 새벽이슬 함빡 머금고 있는 둑길을 따라 끝없이 걷고 또 걸었던 그 길. 출가!

그 긴장된 떨림의 순간들, 풀잎에 맺혀 있던 보석같이 빛나던 이슬방울들, 바지 끝을 촉촉이 적셔오던 푸른 달빛 조각들, 강둑을 휘감아 발목을 잡아 끌던 물안개, 그리고 뿌옇게 흐려지던 눈빛…….

선지식을 찾아 구름처럼 물처럼 흘러다니다 통곡할 힘조차 빠져나가버린 빈 몸에 그득그득 차오르는 고요한 슬픔, 마침내 쓰러진 새벽 월정사에서 내 지나온 모든 업장을 녹여내리던, 내 갈기갈기 찢어진 영혼을 따뜻이 감싸 안던, 내 온몸 세포 하나하나에까지 그 울림을 스며들게 하던 새벽 종소리. 그 새벽 종소리! 아, 그때 내가 깊게 토해냈던 울음들, 통한의 설움들, 회한의 아픔들…….

그날 그 새벽의 종소리는 내 생애 결코 잊지 못할 순간으로 각인되어 있다. 그 후 난 새벽 종소리를 참 많이 좋아했다. 그렇게 소원하던 종을 처음 내 손으로 쳐본 순간. 그 감동, 그 웅장한 떨림, 내 몸속으로 전해오던 전율. 아마도 지구상에 존재하는 모든 소리 가운데 이보다 장엄하고 영혼을 울리는 소리는 없을 것이다.

세계적인 보물로 경주박물관에 보관되어 있는 신라 성덕대왕 신종聖德大王神鐘, 일명 에밀레종이라 불리는 그 종소리를 어느 학자가 정밀 조사해보았더니 그 울림이 인간의 감성을 가장 잘 자극할 수 있는 주파수대였다고 한다. 이 얼마나 놀라운 일인 가. 모든 중생들의 아픈 이야기들을, 가슴 저미는 고단한 삶의 조각들을 따뜻한 부처님의 진리로 인도하려는 우리의 종, 그 종 의 간절한 새벽 울림.

태초에서 시작되어 중생계가 다하는 그날까지 삼라森羅의 만상萬象을 제도할 저 새벽 종소리. 지금 남도의 강진 땅 만덕 산 아래 백련사에 새벽종이, 첫새벽을 열고 있다. 저 소리 한 울음 한 조각에 새벽 숲이 깨어나듯, 무시겁래無始劫來, 시작도 없는 겁으로부터 비롯된 칠흑같이 덮인 내 무명도 어둠을 벗 듯이 한 꺼풀씩 깨어났으면 좋겠다. 마침내 자성불을 만나는 그날까지……. 아! 참 좋은 새벽이다. 내 출가하던 그날의 새벽 처럼…….

내가 두 번째 허물 벗고 출가한 날, 십칠 년 전 그날 새벽만 큼이나 기운이 청량하다. 해무 가득한 강진만. 축대 위로 다람 쥐 한 마리 쪼르르 오더니 뭘 열심히 먹는다. 풀꽃을 먹는지 풀 씨를 따 먹는지 입이 볼록할 정도로 참 맛있게도 먹는다. 다람 쥐가 꽃을 먹다니…….

오후에는 뜻 깊은 오늘을 자축하며 두 시간 동안 차를 마셨

다. 가끔 산뜻한 바람도 불어주고 멀리 죽도도 잘 보이고 참 좋
다. 그런데 자꾸만 왜 이리 가슴이 미어지는지……

　낮에 실컷 바다 보며 망상 피웠으니 제대로 한번 정진해보자.
아픈 무릎 끌어당기며 외출했던 화두를 불러들인다.

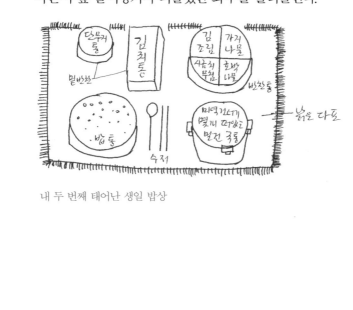

내 두 번째 태어난 생일 밥상

저녁 종소리를 들으며

절에서 대종大鐘을 치는 경우는 삼시예불 때와 특별한 경우다. 총림叢林이나 큰 본사에서는 새벽·사시·저녁 예불 때마다 대종을 치지만, 대부분은 새벽과 저녁 예불 때만 종을 친다. 특별한 경우란 절에 큰일이 나서 대중을 모을 때나 큰스님이 입적하셨을 때 백팔 번 치는 열반종, 그리고 각종 행사 때를 말한다. 새벽에 듣는 종소리는 주위가 깜깜하니까 그 종소리에 귀 기울이기 좋으나, 저녁 종소리는 새벽에 비해 조금 산만하다. 아직은 사람들도, 숲들도 조금은 들떠 있는 마음을 숨길 수 없기 때문이다. 그런데 이런 마음은 저녁 종소리를 듣고 있으면 차분하게 가라앉고 정돈이 된다.

이 종소리 듣는 자여, 온갖 번뇌를 끊고
지혜가 늘어 보리심을 낼지어다.

그리하여 마침내 지옥을 여의고 삼계를 벗어나
원컨대 부처를 이루어 온 중생을 제도할지어다.
聞鐘聲 煩惱斷 智慧長 菩提生
離地獄 出三界 願成佛 度衆生

어느 만행길에서나 저녁 종소리와 만나면 나는 반드시 합장
을 하고 이 게송을 왼 후 지나가곤 했다. 그 소리들이 모여 끝
없는 중생을 향한 자비심의 강물이 되길 발원하며…….

하루 중 심신의 피로를 쉴 수 있는 시간이 바로 지금이다. 저
녁공양을 끝내고 설거지까지 마친 후 잠깐의 휴식 끝에 옷을
갖춰 입고 좌복에 앉으면, 온 산을 잠재우는 저녁 종소리가 어
둑해진 숲길을 따라 발길을 재촉한다.

화두가 잘 들릴 때는 그래서 좋고, 망상이 들 때도 그 나름대
로 괜찮다. 가끔 바람이라도 살랑거리는 날이면 유리에 가려진
한지를 걷어내고 그 틈으로 보이는 강진만의 저녁 안개나 노을,
후박나무 잎을 스치는 바람들의 숨소리, 숲들이 밤을 준비하는
소리들을 그냥 아무런 생각 없이 '멍'하니 바라보아도 좋은 시
간이다.

그러면 곧 어둠의 자락들이 멀리서부터 하나씩 옷을 입으며
다가온다. 사방이 어둑해지고 방 안마저 깜깜해질 때까지 그냥
그대로 앉아 있다. 저녁 종소리의 여운을 깨뜨리고 싶지 않기
때문이다. 조금 전 울려 퍼진 그 종소리들은 어느 지친 영혼들

을 달래주러 지금쯤 어디만큼 달려가고 있을까.

가난한 어부의 단란한 저녁 식탁을 지나고, 농가 부채에 허덕이는 주름살 깊게 팬 농부의 이마를 짚어주고, 실연의 고통에 가슴 아파하는 연인들의 상처를 씻어주고, 삶의 존재를 알아내고자 고뇌하는 영혼들의 마음까지 다독여준 다음, 도리천忉利天쯤 갔을까, 도솔천兜率天에 닿았을까.

오늘밤은 아마 꿈속에서도 이명처럼 들려올 종소리 때문에 잠 못 이룰 것 같다.

의미 있는 삶

고뇌하는 수좌의 한숨 소리가 적막한 무문관의 침묵을 깬다. 휘파람새는 목이 쉬어라 구슬피 울어대고…….

'의미意味 있는 삶'이라! 문득 이 말이 생각나 제목을 써놓고 보니 갑자기 막막하다. 글자대로 풀이하면 '생각(意)에 맛(味)이 있는 삶'이란 뜻이다. 쉽게 풀어 쓰면 영혼에 깊이가 있는, 곧 '아름다운 영혼을 가꾸는 삶'쯤으로 해석해도 될 것 같다. '意' 자를 파자해보니 참 재미있다. 마음속에(心) 태양을(日) 세운다 (立), 즉 영혼에(心) 태양을(日) 품는 것(立)이다. 태양이 무엇인가. 모든 생명에게 삶의 자양분을 공급해주는, 없어서는 안 될 귀중한 존재가 아닌가. 그러니까 영혼 속의 모든 인연에게 삶의 기운을 북돋워 주는 태양을 품고 살되 입이(口) 아닌(未) 가슴으로 주는 삶이 바로 '의미 있는 삶'이 된다.

글을 쓰다보니 잘도 갖다 맞춘 것 같다. 아무렴 어때. 내 식대로 해석하면 되는 거지. 아무튼 사람이 이 거대한 우주의 한 공간에서 그 존재의 일부를 감당하며 열심히 '산다는 것' 자체가 벌써 의미 있는 삶이기도 하다. 그러나 존재 자체의 의미보다 사바세계, 즉 참고 견디면서 살아가야 하는 감인세계堪忍世界에서 서로 부대끼며 살아가는 사람들의, 사는 냄새가 나는 의미 있는 삶은 무엇일까?

사람들은 누구나 타인에게 필요한, 그리고 사랑받는 '의미 있는 사람'이 되길 원한다. "넌 내게 참 소중한 사람이야, 내 삶은 네가 없으면 안 돼." "당신은 참 볼수록 신뢰가 갑니다. 우리 한번 잘해봅시다." 부모 자식 간이든, 연인이든, 사업 동료이든, 인연 맺은 사람들로부터 이런 말을 들을 수 있다면 그 사람은 나름대로 의미 있는 삶을 살고 있는 것이다.

많은 성인들이 인류를 위하여 보살행을 하곤 역사 속으로 사라져갔다. 그리고 지금도 공동선共同善을 지향하며 자신을 돌보지 않고 혼을 불사르는 성직자와 이웃들이 있다. 그들의 삶이야 말할 필요도 없이 숭고하다.

그러나 눈뜨면 매일 만나야만 하는 살 냄새 나는 우리 가족, 이웃, 그리고 내 인연들의 속내는 어떠할까. 다들 자기 자리에서 열심히 살고 있지만, 가끔 가슴 한곳이 텅 비어오는 듯한, 그 무엇으로도 채울 수 없는 존재의 고독감. '아, 사는 게 뭘까. 이렇게 살다가 그냥 가는 건가. 내 삶의 의미는 진정 이 정도란 말인가' 하는 가치 있는 삶에의 본능적인 '끌림'은 어쩔 수 없을 것이다. 그리하여 고개 들어 주위를 살펴보면 다른 사람들은 잘도 사는 듯이 보인다. 그러면서 자신이 점차 초라해지고 '나는 왜 이리 불행할까'라는 생각까지 치닫기도 한다.

불행한 삶이라는 것은 다른 의미가 아니다. 마지못한 삶, 순간순간을 의미 없이 흘려버리는 삶, 그것이 불행한 삶이다. 영화 〈빠삐용〉에 독방에서 홀로 지내던 주인공이 환영幻影처럼 자신의 재판정을 보는 장면이 있다. 그에게 내려진 죄목은 '인생을 낭비한 죄'였다. 죄 중에서 가장 큰 죄가 주어진 삶을 낭비하는 것이다. 지금 현재 내게 주어진 이 삶, 그리고 인연들에게 최선을 다하는 것이 그래도 세상에 왔다가 무언가는 하고 가는 의미 있는 삶일 것이다.

몇 년 전《월간 해인》편집장 시절, 새 천 년이다 밀레니엄 millennium이다 떠들썩하던 그때 1999년 12월호, 즉 20세기 마지막 달 특집으로 '세기말에 쓰는 유서'를 기획했다가 주위의 만류로 보류한 적이 있다. 하기야 한참 들떠서 온갖 청사진으로 세상을 도배하는 때에 유서를 쓰라니 심하기도 했다. 그러나 기획 의도는 한 세기를 마감하고 새로운 천 년을 맞이하는 즈음에, 우리 자신의 삶을 한 번쯤 돌이켜보자는 것이었다. 내가 지금 죽음을 당한다면 혹은 훗날에 쓸 유서를 미리 작성해본다면 나는 과연 그 백지 위에 어떤 의미 있는 삶을 살다가 가노라고 할 게 있을까.

오로지 앞만 보고 달려갈 줄만 알았지 옆도 뒤도 돌아볼 틈 없이 무한 경쟁의 궤도에 끌려 끝없이 질주만 하는 인생에서 내 영혼이 뭘 원하는지, 내가 가슴으로 원하는 삶이 과연 무엇인지를 한 번쯤 중간 점검해보자는 차원에서 기획한 것이었다. 그렇게들 바삐 살다가 천상병千祥炳(1930~1993) 시인처럼 웃으며 죽음을 말할 수 있는 사람이 얼마나 될까.

나 하늘로 돌아가리라.
아름다운 이 세상 소풍 끝내는 날.
가서, 아름다웠더라고 말하리라……

끝내지 못한 일, 해보고 싶었던 일, 가보고 싶었던 곳, 가슴 한편에 묻어둔 꼭 한 번은 만나야 할 그리운 사람, 미안하단 말을 꼭 전해야 할 사람, 그 사람 손을 꼭 잡으며 "그때 참 고마웠어요"라고 얘기해야 할 사람……. 늘 마음으로만 해야지 해야지 하면서, 삶에 지쳐 잊고 살고, 그러기를 한해 두해 지나다보면 어느새 머리엔 서리가 내린다. 가끔은 하늘도 한 번씩 올려다 보고, 내 옆에 어떤 사람이 달리고 있나도 보고, 뒤를 돌아보며 너무 지쳐 내 도움이 필요한 사람이 있는지도 살펴볼 일이다. 그리고 평생을 이 한 몸 뒤치다꺼리하기에만 바빠 있는 삶에서, 하루에 한 번쯤은 내 숭고한 영혼을 위해서 배려하는 시간을 가져야 한다. 가만히 귀 기울여 그 소리를 들으려 애쓰고, 영혼이 목말라 하는 것들을 찾아 시원한 물을 뿌려 푸르게 가꿀 일이다. '의미 있는 삶'은 결국 내가 원하는 만큼 애를 써야만 살다가 갈 수 있다.

그러면 어떻게 애를 써야 하나. 쉽게 생각하면 된다. 의미 있는 삶이란 '의미를 부여하는 삶'이기도 하다. 누군가에게 또는 어떤 것에 의미를 부여하면 그때부터 그 사람의 가슴과 그 어떤 것에는 내가 살아 숨 쉬게 된다. 세상에 의미 없는 것이라곤 하나도 없다. 나무 그루터기도 지친 나그네에게 얼마나 소중한 쉼터를 제공하는가. 모든 사람이 서로에게 어떤 소중한 의미가 된다면 세상이 얼마나 살 만하고 아름다워지겠는가.

나는 오래전부터 의미 부여하는 걸 좋아했다. 나와 인연 지어진 모든 것들에게, 살아 숨 쉬는 것에서 무정물無情物에게까지……. 그리고 내가 부여한 그 의미들은 내 영혼의 샘물을 마르지 않게 하는 중요한 원천이다.

내 수행길의 반을 친구처럼 같이해온 '노을'이는 내가 타고 다니는 자동차인데, 내가 의미 부여한 것 중 하나다. 만행 다니는 걸 유일한 낙으로 삼고 있던 내게 무릎관절염은 치명적이었는데, 그 우울함을 노을이가 대신 채워주니 어찌 고맙지 않았겠는가. 혼자 만행 다니면서 노을이하고 참 많은 대화를 나눴다. 때론 화풀이도 했다가, 어떤 땐 하소연도 하고, 힘든 일을 해내고 나면 핸들을 어루만지며 애썼다고 칭찬도 해주고…….

그러면 노을이는 주로 오디오로 얘기한다. 기분이 좋을 땐 댄스 곡으로, 슬픔이 가득 찼을 땐 첼로 소나타로, 신심이 날 땐 염불로, 주위 경치가 좋을 땐 클래식이나 뉴에이지 음악으로······ . 어쨌든 내 모든 것을 제일 잘 알고 있는 노을이가 믿음직하고 튼튼해 정말 좋다.

또 있다. 지금은 바닷가 토굴에서 혼자 꽤 심심해하고 있을 오디오는 이름이 '은하'다. 내가 어느 별에서 왔는지 모르지만, 이 아름다운 소리들이 온 은하계로 퍼져나가 지금 내가 지구별에서 이렇게 살고 있다고 전해달라고 지은 이름이다. 비록 일방적인 의미 부여이긴 하지만 그렇게 함으로써 내 삶은 그들과 훨씬 더 깊은 교감을 가질 수 있고 내 영혼의 샘물도 그들로 인해 넉넉한 시내를 이루고 있다.

우리들 생의 저녁에 이르면 우리는 이웃을 얼마나 사랑했는 가를 두고 심판받을 것이다. 무엇이 우리의 삶을 증명해줄 것인가. 우리의 작품인가, 철학인가. 아니다. 오직 사랑만이 우리의 존재를 증명해줄 뿐이다.

프랑스 소설가 알베르 카뮈Albert Camus(1913~1960)가 한 말이다. 살다가 좋은 사람 만나면 '아, 이 사람은 내 영혼을 맑혀주러 온 사람이구나.' 미운 사람 만나면, '아, 저 사람은 내게 인욕忍辱을 가르쳐주는 스승이구나.' 아파트 계단에서는 '내 다리를 건강하게 운동시켜주는 고마운 언덕이구나.' 개구쟁이 애들을 보면 '아, 내 유년 시절의 보배로운 기억들을 잊지 않도록 해주는 인연이구나' 등등.

늘 내 주변을 감싸고 있는 모든 사람, 모든 인연, 사소한 물건에까지 존재의 의미를 부여한다면 내 영혼의 뜨락은 그만큼 아름다워질 것이고, 삶의 가치도 비중이 높아질 것이다. 사람 냄새나는 의미 있는 삶이란 게 따로 있는 것이 아니다. 서로의 존재를 인정해주면 된다. 내 일상과 함께 존재하는 모든 것들이 서로 의미 있는 삶이 되기 위해 나를 기다리고 있다. 나는 그것들에게 하나씩 의미를 부여하고 가슴으로 손을 내밀면 된다. 그리하면 저마다의 영혼 속에 삶의 푸른 기운을 샘솟게 하는 아름다운 태양이 찬란히 빛날 것이다.

첫 삭발

오늘이 음력 4월 그믐이다. 새벽 좌선을 끝내고 무문관 들어 첫 삭발을 했다. 처음에는 한 철 동안 삭발을 하지 않고 머리를 길러볼까도 했었는데, 삭발이라도 해야 파르라니 깎은 머리를 만져보며 공부를 더 챙길 것 같아 하기로 했다. 수염은 기르는 데까지 길러볼 요량으로 그냥 두었다.

혼자 하는 삭발은 조심스러우나 자유롭다. 화두를 챙기며 정미롭게 하는 삭발은 망상이 끼어들 틈을 주지 않는다. 자칫 방심하면 베이기 때문이다. 평소 좌선 때에도 이렇게 칼을 들고 삭발하는 것처럼 정신을 집중해서 정진하면 훨씬 진전이 있을 텐데……. 말끔하게 깎인 머리가 보기에도 시원하고 참 잘생겼다. 감은 머리 위에 맺혀 있는 이슬 같은 물방울이 보석같이 빛난다. 공부는 한 것도 없는데 벌써 보름이 지나간다.

공양이 오기까지 시간이 꽤 남아 다시 좌복에 앉았다. 삭발하면서 맑은 기운이라도 생겼는지 괜히 혼자 즐겁다. 바깥 하늘은 잠포록하다. 가문 땅에 오늘쯤은 비라도 내려줬음 좋겠다.

비 오는 날에

아침공양 후 요 위에서 포행을 하고 있는데 밖에서 심상치 않은 소리가 들렸다. 처음엔 후박나무 잎을 스치는 바람 소린가 했는데 아니었다. 빗소리였다. 촘촘한 방충망 가까이 얼굴을 대고 확인까지 해보니 정말 비였다. 새벽부터 바람에 비 냄새가 가득 묻어오더니 드디어 그렇게도 기다리던 비가 오기 시작했다. 아, 얼마나 기다리던 비인가.

　오늘은 특별히 유리에 붙어 있는 한지를 모두 걷어냈다. 그리고 걸망에 넣어두었던 안경까지 꺼내 쓰고, 문에 코가 닿을 정도로 바싹 다가앉아 밖을 내다보았다. 이내 기왓골을 미끄럼질한 여러 줄기 낙숫물들이 땅에 떨어지며 마치 분수 쇼라도 하듯 춤을 춘다. 고요한 선실, 비 오는 무문관 마당을 내다보며 선열에 젖는 이 순간. 세상 그 어떤 것이 이보다 더 행복할 수 있겠는가.

이곳 무문관에서는 후박나무 잎에 떨어지는 빗소리가 정말 듣기 좋다. 양쪽 귀에 손을 대서 앞쪽을 향하게 하고 그 소리를 들으면, 오페라 하우스를 가득 메운 청중들의 갈채 소리 같기도 하다. 후박나무는 한 이파리 군원이 보통 여덟 개 전후로 구성되어 있다. 평소에는 따로 노는 듯하더니만 오늘처럼 비가 많이 오는 날은 몸을 한데 모아 뒤집어 있는 모습이, 손가락을 가지런히 모은 모양의 베이지색 꽃송이가 주렁주렁 달려 있는 것 같기도 하다. 어떻게 보면 우산을 뒤집어쓰고 있는 것처럼 보이기도 한다.

아, 이 비 냄새. 비록 문틈으로 들어오는 조각난 냄새이긴 하지만 맑고 싸한 이 느낌이 참 좋다. 좁은 방에 갇혀 보름 동안 맑은 공기 한번 못 쐬고 먼지만 실컷 마시며 살았는데 오늘에야 비로소 모든 걸 보상받는 느낌이다.

그래, 살다가 이런 날도 있어야지. 숲에 안개가 자욱하다. 마당에서 시름시름 앓고 있던 토끼풀도, 자운영도, 망초들과 아기 잡초들도 한바탕 춤을 추며 난리다. 새들마저 비 피하러 둥지로 간 숲은 오직 빗소리만이 가득하다. 후박나무 숲에 내리는 빗소리는 카리스마가 있다. 오늘같이 비가 제법 올라치면 모든 주위 소리를 잠재워버린다.

그리고 오직 자기 소리만을 세상에 들려주며 귀 기울이게 한다. 지금쯤이면 숲들이 간직하고 있던 그들만의 온갖 비밀스러운 이야기들이, 여기저기 숨어 있다가 빗소리를 타고 두런두런 일어나 앞서거니 뒤서거니 수다를 떨며 강진만으로 흘러 들어가고 있을 것이다. 오늘 강진 앞바다는 그들로 인해 꽤나 시끄럽겠다.

참, 이런 날을 생각해 미리 준비해둔 게 있지. 내 전용 '노을' 카페에서 즐겨 먹는 헤이즐넛 커피믹스다. 서둘러 전기 주전자에 물을 부었다. 오늘따라 물 끓는 소리도 더 신이 난다. 저러니까 '금강연金剛淵 폭포'라지.

금강연 폭포는 오대산 월정사 앞 계곡에 있는 폭포인데 물 끓이는 주전자 소리가 그 소리를 닮아 '금강연'이라 이름 지어줬다. 커피 봉지를 찢다가 조금 흘렸다. 어허, 침착해야지. 두 시간을 앉아 차 마시면서도 소리 하나 안 내는데 비 좀 온다고 이성을 잃어? 그래도 좋다.

비상 식품 웨하스도 곁들일까 하다가 커피 맛 버릴까 봐 그냥 마시기로 했다. 아, 무문관 독방에서 안개 가득한 숲에 내리는 비를 보며 마시는 이 커피 한 잔! 오늘 공부는 다 해 마쳤으니 더 안 해도 되겠다.

비 오는 마당을 가로질러 족제비 한 마리 여유 있게 지나간다. 어디로 가나 했더니 바위 위에 헌식한 밥을 먹고 있다. 이번엔 왼쪽에서 오른쪽으로 제법 큰 두꺼비 한 마리가 어슬렁거리며 지나간다. 비가 오니 평소 안 보이던 것들이 다 보인다.

커피를 마시고 한참을 앉아 있으니 들뜬 마음이 좀 가라앉는다. 암만 기다리던 비가 와도 그렇지…… 애처럼 좋아 날뛰던 내 모습이 스스로도 부끄럽다. 비가 오든 바람이 불든, 바깥 경계에 이렇게 마음을 뺏겨서야 어떻게 공부를 하겠다고······ 쯧쯧. 그저 이런 날은 고요한 선실에 앉아 화두 쪼는 게 제일 수승한 거지.

향 하나 피워 올리고 고요히 포단 위에 다시 앉는다. 똑, 똑 하며 떨어지는 낙수 소리가 잠자고 있는 내 불성을 흔들어 깨우는 죽비 소리 같다. 조금 전까지 좋아 날뛰던 철없는 이놈은 무엇인고?

창밖의 벌을 보며

밤새 비 오는 소리에 잠을 뒤척였다. 비 갠 새벽 숲이 참 맑고 상큼하다.

오후에 아주 오랜만에 친구 벌이 찾아왔다. 하도 안 오기에 새한테 잡아먹히기라도 했나 걱정했는데 살아 있어 반갑다. 양봉을 하는 데서 잠깐씩 나들이를 한 건지, 아니면 어디서 혼자 토굴살이(?)를 하는 벌인지……

대개 벌들이 문 앞을 기웃거리는 이유는 두 가지다. 하나는 방 안에 달콤한 먹을 것이 있는 경우이고, 다른 하나는 방 안 어딘가에 집을 짓기 위함이다. 내가 방에다 뭘 감춰놓지도 않았는데……. 전에 문 앞에서 하도 울며 보채기에 문을 살짝 밀어 문 아래 틈을 만들어줬더니 방에 들어와서는 구석구석을 점검하고 나서 문에 끼워져 있는 유리에 붙었다. 그런데 유리 위에서만 맴돌 뿐 밖으로 나가질 못하는 것이다. 아무리 문 아래쪽 틈을 만

들어놓고 그쪽으로 살살 유도를 해도 그쪽은 본체만체하고 더욱 자기 고집만 피우며 몇 시간을 발버둥 쳤다. 좌선하는 코앞에서 벌이 앵앵거리며 날아다니니 제대로 공부가 될 리 없다.

학인 시절, 벌에 쏘여 죽을 뻔한 전례도 있고 해서 잡아서 밖으로 내주기도 싫었다. 바로 옆에 나가는 구멍이 있는데도 그곳을 모르고 굳이 꽉 막혀있는 유리와 열심히 씨름을 하고 있는 한심한 벌을 보고 있으니 해인사 보경당普敬堂에 있던 벽화가 생각났다. 제목이 '귀래위아개배歸來爲我搐背'였는데 '돌아와서 나를 위해 등을 밀어다오'란 뜻이다. 중국 백장회해百丈懷海(749~814) 선사에게서 도를 깨친 고령신찬古靈神贊 선사가 스승에게 돌아오니 은사는 여전히 글만 들여다볼 뿐 자성을 깨치진 못하고 있었다. 어떻게 하면 은사를 깨우칠까 궁리를 하고 있던 중 경을 읽고 있는 스승 앞에 바로 지금의 상황과 같은 일이 벌어진 것이다. 제자가 옳다 싶어 게송을 지어 스승 들으라는 듯이 읊었다.

열린 문으로 나가지 아니하고
창문만 두드리니 너무 어리석구나
백 년 동안 옛 종이를 비벼댄들
어느 날에 나갈 기약이 있으리오
空門不肯出 投窓也大痴
百年鑽古紙 何日出頭期

이 게송을 들은 스승이 그래도 선근이 있었는지 상좌를 불러놓고 자초지종을 물었다. 당대 고승인 백장 문하에서 크게 깨친 것을 알고 제자에게 법을 청한 것이다.

신령한 빛이 홀로 밝으니
모든 번뇌를 멀리 벗어났고,
늘 참된 모습은 그대로 드러나니
문자에 얽매이지 않도다.
마음의 성품은 물듦이 없어
그 자체 본래 완전하니
허망한 인연을 여의기만 한다면
그것이 바로 여여한 부처라네.
靈光獨耀 逈脫根塵 體露眞常 不拘文字
眞性無染 本自圓成 但離妄緣 則如如佛

스승이 이 말에 깨달았다 한다. 이 고사가 어찌 공부길에만 있으랴. 바로 옆에 밖으로 나가는, 진리로 향하는 문제 해결의 문이 활짝 열려있는데도 우매한 중생들은 그것도 모른 채 그저 자기 앞의 창호지만 뚫고 나가려고 발버둥 치며 사는 것이다.

다행히 선지식을 만나고, 좋은 벗을 만나면 그 길로 나아가는 가르침을 듣고 생사 해탈도 하고 골치 아픈 문젯거리도 시원하게 해결될 것이다.

그러나 그 가르침도, 받아 지녀 깨치는 몫은 결국 자기 자신뿐이다. 깨칠 준비가, 근기가 되지 않으면 암만 좋은 가르침도 '소귀에 경 읽기'다. 언제 어떤 선지식이 나를 시원하게 뚫린 문으로 인도해줄지 모른다. 지금 부지런히 정진하지 않으면 그런 훌륭한 선지식을 만나도 그냥 스쳐 지나가는 인연에 불과할 것이다.

참, 그 벌은 오후 내내 발버둥 치다가 용기를 낸 나의 보살심으로 문틈으로 겨우 빠져나갔다. 그 이후로 친구 벌의 방 출입을 통제하게 되었다.

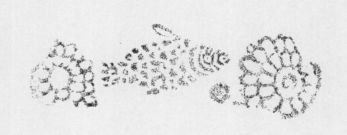

무문 별장이여

여기는 강진만이 한눈에 내려다보이는 멋진 무문 별장! 새벽엔 마당까지 속살을 드러내는 안개 위로 매미 소리에 잠이 깨고 감미롭게 불어오는 바람에 후박나무 잎들이 춤을 추는 것을 감상한다.

특히 밝아오는 새벽을 지그시 바라보며 내면의 나와 은밀한 대화를 나누는 일은 이 별장 최고의 백미다. 아침 걱정은 할 필요 없다. '혜안'이란 배달의 기수(?)가 저 아래 '백련 한정식집'에서 여기까지 따끈따끈한 밥을 지게에 메고 배달해주기 때문이다. 창밖의 절경들을 내다보며 먹는 그 한정식의 맛이라니……. 빈 그릇 수거도 염려 없다. 문 앞에 두기만 하면 언제든지 가져간다. 가끔 맛난 반찬이라도 배달되면 그날은 실컷 먹고 공부도 하지 않고 뒹굴기만 해도 된다.

그렇다고 눈치 볼 사람도 전혀 없다. 그야말로 태평성세 자유

독립 만세다. 그러다가 슬슬 배가 고파지면 먹고 싶은 만큼 챙겨 먹으면 되고, 점심 식사 후엔 맛있는 과일까지 디저트로 룸서비스 해준다. 주로 오렌지 한 개와 수박 한 조각인데 가끔 포도 한 송이, 자두도 올라온다. 주방장이 신심 나면 치즈나 떠먹는 요쿠르트가 덤으로 끼이기도 한다.

오후에는 유리창 너머 바다도 보다가, 만덕 호수도 보다가, 후박나무 숲도 보다가, 마당에 잡초가 살랑이며 유혹하는 것도 보다가 결국에는 화두를 본다.

새소리에 달콤한 낮잠이라도 생각나면 그냥 한숨 자고, 아니면 그윽한 녹차라도 한잔 마시면 기운이 상쾌해진다. 더울 땐 샤워를 열두 번 해도 뭐라 할 사람 없고, 홀랑 벗고 춤을 춰도 구경할 사람 없다. 저녁에 울리는 '백련 한정식집' 종소리는 또 얼마나 아름다우며, 밤에 마당에 쌓이는 달빛은 어찌나 푸른지 모른다.

아, 무문 별장이여! 이보다 더 좋을 순 없다.

(아 참! 밖에서 문이 잠겨 있는 것만 빼고……)

무문 감옥이여

여기는 강진만이 문살 사이로 조각나 보이는, 사방이 꽉 막힌 '무문 감옥!' 잠도 못 자게 새벽 네 시에 기상 종을 쳐대고, 새가 노래하든, 안개가 감옥을 뒤덮든 나하고는 전혀 상관없는 지독하게 고독한 독감방.

아침에 한 번 가로세로 30센티미터의 구멍으로 교도관이 밥을 넣어주면 기다렸다는 듯이 쪼르르 달려가 살기 위해 열심히 입으로 퍼 넣는다. 그것도 점심과 저녁은 식은 밥이다. 반찬세 가지는 메뉴도 잘 바뀌지 않고 늘 그저 그렇다. 한여름 푹푹 찌는 날씨에도 문도 열지 못하고 창까지 없으니, 그냥 옷이라도 훌훌 벗고 더위를 식혀야 살아서 나갈 수 있다. 그나마 석 달의 유기수이니 망정이지 무기수라면 끔찍할 정도다. 바람이 불어도 그냥 '부는가 보다', 비가 와도 '아, 하늘에서 물이 떨어지는가 보다'로 만족해야지 내가 직접 느낄 수는 없다. 여기서는 철저하게 고독과 친해지지 않으면 살아낼 수 없다. 사람도 볼 수 없고, 말도 할 수 없고, 아파도 혼자 견뎌내야 하고, 슬픔도 혼자 바라봐야 한다. 감방에는 창이라도 있지만, 이곳에는 창문도 없다. 그냥 밖에서 자물통 채워져 굳게 닫힌 문만 있을 뿐이다. 만약 불이라도 난다면 문을 부숴야 나갈 수 있다.

가끔 교도관이 수형 생활을 잘하고 있나 하고 슬며시 살펴보고 가기도 한다. 사회 감방처럼 점호라도 있으면 덜 힘들 거다. 그러나 이곳은 늘 자신과의 점호다.

이곳에 석 달 독방형을 받은 유기수는 다섯 명이다. 다들 잘 견뎌내고 있는 듯하다. 문이 아닌 문살 밖 세상이 아무리 아름답게 유혹을 해도 이곳은 그 모든 것과 차단되어 있다. 어찌 보면 조금 정신이 이상한 사람들이 이곳에서의 독방형을 자청하지 않았나 싶다.

무문 감옥, 이보다 더 지독할 순 없다.

(아 참! 부처 되는 지름길이 여기니 그 어마어마한 담보만 빼고……)

어둠 속에서

며칠 전부터 무문관에 이상한 분위기가 감돌고 있다. 이상한 것까진 아닌데 전에는 안 그러다가 요즈음엔 저녁예불 종소리가 나서부터 잠을 자기 전까지 거의 몇 시간 동안 불을 켜지 않는 것이다.

문이 암만 잠겨 있어도 마당에 불빛이 비치니까 옆방에서 불 켜는 것은 얼마든지 알 수 있다. 아마 이 시간이 하루 중 가장 정진하기 좋은 시간인 줄을 다들 공감하고, 서로 보이지는 않지만 팽팽한 정진 경쟁이라도 하는 듯해 뿌듯하다.

열 시가 훨씬 지나야 잘 준비를 위해 불을 하나씩 켜는데 그것도 아주 조심스럽게 한다. 혹시라도 삼매에 들어 있는 다른 대중에게 조금이라도 누가 될까 봐. 하여간 요 며칠을 불도 켜지 않고 사물이 완전히 보이지 않을 때까지 밖을 보고 앉아 있으니 불을 켰을 때 보지 못했던 것들이 보인다.

대표적인 게 반딧불이다. 불 꺼진 마당이 마치 자기들 운동장이라도 되는 듯 꽤 많은 놈들이 와서 종횡무진 헤집고 다니는 게 볼만하다. 유년 시절 반딧불이를 잡아 병 속에 넣어 머리맡에 두고 자던 기억이 난다. 그 불빛으로 공부를 했으면 아마 지금쯤⋯⋯.

방 안이 깜깜해질수록 밖에 보이는 짙은 어둠도 밤이 싫어 바다로 바다로 도망가는 듯하다. 바다 쪽은 희미한 어둠이 죽도를 감싸고 있고, 포구에 보이는 불빛이 대여섯 개. 가끔 방파제 위를 오가는 차들이 질주하는 모습은 흡사 밤바다에 배들이 출항이라도 하는 듯하다. 이곳 바다는 갯벌이라 오가는 배 구경하기가 힘들다. 어쩌다 물이 많이 들어 올 때 가끔 볼 수 있을 정도다.

어둠 속에서 가만히 앉아 있으면 마음이 착 가라앉는다. 마치 흙탕물을 한 번 휘젓고 난 뒤 앙금이 가라앉듯, 낮 동안에 산란해진 마음들이 어둠의 입자에 눌려 가만히 숨죽이는 듯하다. 혼자 지내는 방이지만 먹고 살겠다고 이것저것 들여놓은 비품들이 이 시간만큼은 모두 사라지고 오직 나 혼자만이 존재하는 거룩한 시간이다.

나를 둘러싸고 있는 이 어둠
내 의식의 강을 가로지르는 무명의 업장
어둠이 깊어지면 그만큼 새벽이 가까워지고
고통이 깊어지면 그만큼 업장 소멸이 되리라

지금 이 순간이 내 삶이다

첫새벽, 사바를 깨우는 종소리. 선실의 포단 위에 척량골春梁骨을 곧추세우다.

아침공양 때 밥통 한쪽에 조그마한 봉지가 있어 열어보니 노릇하게 잘 눌은 누룽지가 들어 있었다. 공양주 보살님의 정성이 고마워 맑은 미소가 번졌다.

오후 포행 시간, 좁은 요 위에서 하는 포행이라 처음에는 걸음걸이도 안 맞고 어색했는데 이젠 저절로 적응이 됐다. 작은 걸음으로 세 걸음 떼고 네 걸음째에 돌아서는, 이른바 '네 박자' 리듬이 제법 재미있다. 여기서도 '네 박자' 법칙이 통하네.

지금 이 순간의 흐름 = 삶!

하루 종일 같은 공간에서 똑같이 보이는 모습들만 보고 앉아 있다. 내 눈에 보이는 모든 것, 창호지로 가려진 여닫이 문 두 개, 문 위쪽에 촘촘한 문살이 있고 방충망을 붙여놓아 희미 하게나마 조각난 바깥을 볼 수 있다. 앉아서 올려다보면 서까 래 끝 부분이 여덟 개 보이고 암막새가 아홉 개, 수막새가 여덟 개 보인다. 오른쪽엔 후박나무 윗부분이 3분의 1 정도 잘려 보 이고, 가운데로 하늘이 역삼각형 모양으로 조금 보인다. 왼쪽의 후박나무 잎도 겨우 헤아릴 정도다. 좌선 시 보이는 것은 이게 전부다.

일어서면 보이는 창살 밖 풍경들이 있다. 무문관 앞마당에 토끼풀 몇 무더기, 자운영 꽃 몇 송이, 그리고 잡초들. 마당 끝 에 보이는 축대, 축대 아래 양쪽으로 후박나무 몇 그루, 그 사 이로 나지막한 동백나무와 비자나무 두어 그루, 나무 윗부분 이 끝나는 곳에 강진만을 간척한 바둑판 모양의 논들, 그 논들 끝에 길게 이어진 방파제, 방파제가 끝나는 오른쪽에 아직 빠 져나가지 못한 바닷물을 모아둔 만덕호萬德湖, 방파제와 닿아 있는 강진만의 바다, 바다 가운데 예쁘게 동그란 모습으로 떠 있는 죽도竹島, 가끔 바람에 실려 오는 푸른 바다 냄새. 오후 썰 물 시간이 되면 갯벌로 모두 하나가 되는 이쪽의 도암면道岩面 과 바다 가운데의 죽도와 바다 건너의 칠량면七良面, 바다 건너 밤이 돼야 집이 있음을 확인할 수 있는 포구, 보름달이 뜨면 더 멋있는 마량馬良 천관산天冠山 줄기의 스카이라인, 그리고 이 모 든 것 위에서 굽어보고 있는 푸른 하늘. 적어놓고 보니 그래도 볼 수 있는 것이 꽤 많다.

밖에서 들리는 소리 가운데 소음이 있고 좋은 소리가 있다. 소음으로는 가끔 절 아래서 무슨 공사를 하는지 굴착기와 트럭이 오가는 소리, 그리고 이 지역이 무슨 비행 노선인지 항공기 소리가 끊이질 않는다. 동남아 노선쯤이나 되는지 한밤중에도 가끔 들린다.

좋은 소리들은 큰절 범종 소리, 새벽 도량석 목탁 소리, 환종 스님 사시마지巳時摩旨 백팔예참 하는 목탁 소리, 새벽 숲 새들의 노랫소리, 논 가는 경운기 소리, 후박나무 잎을 스치는 바람 소리, 혜안 스님 공양 가지고 오는 발걸음 소리, 친구 벌이 인사하는 소리, 후박나무 잎에 떨어지는 빗소리, 낙숫물 소리.

지금 듣고 싶은, 그러나 여기서는 들을 수 없는 소리들이 있다. 덜커덩덜커덩 지나는 기차 바퀴 소리, 제주 지샛개 주상절리에 부딪히는 파도 소리, 빨간 발을 가진 갈매기 울음소리, 보길도 예송리 바닷가 썰물에 돌 자갈 밀려가는 소리, '노을'이가 들려주는 멋진 음악들, 재래시장의 와자지껄한 삶의 소리들, 해인사 새벽예불 소리, 바람 끝을 휘감아 도는 풍경 소리들이다. 내가 무문관 추녀 끝에 풍경을 달자 했지만 모두 별 반응이 없었다. 또, 행자 시절의 고단함을 달래주던 오대산 금강연 폭포 소리, 송광사 율원律院 비전碑殿 앞 대숲을 스치는 바람 소리도 들을 수 없다. 바람도 대숲과 후박나무 숲을 지날 때 소리가 다르다. 대숲은 쏴아쏴아 파도 소리 비슷하고, 후박나무는 우수수 우수수 비 떨어지는 소리 비슷하다. 아버지 보리타작하던 도리깨질 소리, 어머니가 가끔 들려주던 〈내 고향으로 날 보내주〉, 〈가고파〉 등 멋진 가곡들, 먼저 간 친구가 좋아하던 노래 〈원 서머 나이트One Summer Night〉, 유년 시절 우리 집 보물 1호였던 황소에게 방과 후 소꼴 한 짐 베서 외양간에 던져주면 맛있게 먹던 서걱서걱 소리, 끊일 듯 끊이지 않는 기도의 화신 가평 보덕사 서현 스님 목탁 소리, 적막을 가르는 해인사 선방 입선入禪 죽비 소리를 듣고 싶다. 여기는 무문관이라 죽비가 필요 없어 들을 수 없다.

바닷물이 낮에만 빠지는 줄 알았는데 밤에도 빠지는가 보다. 아침에 보니 갯벌이 고래 등만큼 남아 있다. 아마 물이 가득 차면 바로 빠지고, 또 들어오고를 반복하는 모양이다.

정묵 스님 토굴 수리하면서 무리하여 입안에 염증 난 게 두달이 넘었는데도 아직도 낫질 않고 음식 먹기가 곤란하다. 어제 저녁부터 연고를 바르고 잤는데 당분간 차도 마시지 말고 수시로 발라 집중적으로 치료해야겠다. 전에 아프던 다리도 계속 아파 요즘은 포행도 제대로 못 하고 정진도 거의 의자에 앉아서 하다시피 한다. 그나마 아플 때 쉴 수 있어 다행이긴 하다. 빨리 좋아져야 할 텐데 걱정이다. 몸이 대체로 안 좋다.

지금 당장 여기서 하고 싶은 것들을 적어본다. 문을 활짝 열고 싶다. 맨발로 마당을 거닐고 싶다. 흐르는 계곡물에 발을 담그고 싶다. 직선으로 백 걸음만 걷고 싶다. 문밖 마당에 피어 있는 토끼풀을 가만히 만져보고 싶다. 한 철 정진에 큰 위안이 되어준 후박나무를 한번 안아주고 그 잎도 정성껏 만져주고 싶다. 큰절 부처님 얼굴 한번 보고 싶다. 무인도인 죽도에 한번 올라가 보고 싶다. 갯벌에 맨발로 푹푹 빠지며 바닷물 있는 데까지 걷고 싶다. 산과 들을 지나온 그리운 바람을 가슴 깊이 들이마시고 싶다. 비 오는 마당을 우산 없이 흠뻑 젖도록 거닐고 싶다.

길들여진다는 것

공양 후 조심스레 포행하다 다시 의자에 앉았다. 이제 이곳에 완전히 적응됐나 보다. 문이 잠겨 있고, 갇혀 있다는 생각조차 별로 안 든다. 그냥 그러려니 한다. 그러고 보니 오늘이 음력 오월 초사흘이다. 이곳에서는 방향이 안 맞아 산뜻한 초사흘 달 보기는 틀렸다.

저녁 정진 중 뒤쪽에서 살그머니 공양 문 여는 소리가 들렸다. 혜안 스님이 붙이는 구내염 치료제를 사서 넣어주고 갔다. 마음 씀이 고맙긴 한데 입천장이 모두 헐었으니 해당이 되려나 모르겠다. 안 되면 연고나 바르고 계속 누워 있든지 해야지, 뭐.

무문관에 들어온 지도 이십여 일이 다 돼간다. 처음 일주일은 답답하고 폐쇄된 공간에 있다는 것 자체가 엄청난 무게로 나를 힘들게 했는데, 지금은 그런 느낌은 거의 없다. 이 공간에 벌써 길들여진 것이다. 길들여진다는 게 참으로 무섭다.

문살 너머 조각난 풍경들도 그런대로 볼만하고, 세 걸음밖에 못 걷는 좁은 요 위에서 포행하는 것도 아무런 문제가 없고, 매일 식은 밥에 단무지를 먹는 것도 견딜 만하다. 나같이 어느 곳에 얽매이기 싫어하는 성격이 이런 곳에서 견딘다는 자체가 벌써 대단한 거다.

산다는 것은 '길들여지는' 과정이라 할 수 있다. 내 존재가 탄생한 그날부터 이 별을 떠나는 날까지 나와 인연한 모든 것들과 서로 길들여가며 사는 게 인생인 거다. 그 길들여가는 과정도 순탄치만은 않다. 때론 삐걱거려 서로 상처받아 아파할 때도 있고, 어떤 때는 순풍에 돛 단 듯 잘도 맞을 때가 있다. 그 '길들임'의 고전은 생텍쥐페리의 소설에서 어린 왕자가 사막에서 여우를 만나 특강을 받는 구절에 제대로 표현된 것 같다.

어찌 사람을 서로 길들이고, 길들여진다고 할 수 있겠는가. 다만 서로의 가슴에 더 가까이 다가서려고 애쓰는 것이 결국 사랑하는 것이고, 배려하는 것이고, 길들여지는 거다. 사랑하는 사람일수록 서로에게 많이 길들여지는 게 좋다. 그리하여 그 사람의 눈빛만 봐도, 목소리만 들어도 속내를 훤히 알 수 있고, 마침내는 영혼까지 닮아가면 〈심우도尋牛圖〉에 나오는 '입전수수入廛垂手'의 경지가 되지 않을까.

무문관 문지기

무문관에는 사람이 살지 않으니(?) 누가 지킬 필요가 없다. 그런데 큰절에 있는 진돗개 '정견'이가 틈만 나면 이곳에 와 집 주위를 어슬렁거린다. 누가 맛있는 먹이를 주는 것도 아닌데 힘든 길을 부지런히도 왔다 갔다 한다.

요즘같이 더운 날에는 문을 살짝 밀면 자물쇠 고리가 길기 때문에 문 밑에 조그만 틈이 생긴다. 그곳으로 솔솔 들어오는 바람을 쐬는 맛도 꽤 괜찮다. 오늘도 너무 더워 '잠선' 삼매에 빠져 비몽사몽 하다가 눈을 떴는데, 문틈에서 까만 눈동자 두 개가 깜박거리며 나를 쳐다보고 있는 것이다. 문틈 사이와 정견이 눈높이가 잘 맞아떨어진 것이었다. 정견이가 방문 앞에 와 있는 줄도 모르고 꾸벅꾸벅 졸고 있다가 얼마나 놀랐는지 모른다. 놀란 가슴을 진정시키고 눈짓을 하니 정견이도 눈웃음을 치며 꼬리를 살랑살랑 흔들었다. 도반 현진 스님 절에 있던 '반야' 하고 너무 닮아 며칠 동안 머리도 쓰다듬어 주고 몸에 벌레도 잡아주며 정을 들여놓았는데 아마 기억을 하는 모양이다.

그런데 요놈이, 도대체 스님들이 공부를 얼마나 잘하나 하고 수시로 점검을 나오는 것 같아 반갑기도 하지만 맘이 찔렸다. 내가 앉아서 졸고 있는 모습을 문틈으로 쳐다보고 얼마나 흉봤을까. 하여간 이제 문틈으로 정견이가 언제 나타나나 하고 기다려질 때도 있다. 그러나 내가 멀쩡히 정진 잘하고 있을 때는 별로 본 적이 없었는데 부끄럽게도 내가 졸고 있을 때만 다녀갔는지도 모를 일이다. 그래도 영 기분이 나쁘지는 않다. 누가 공부를 챙겨주지도, 졸 때 죽비로 때려주지도 않는 이곳에서 다행히 정견이가 가끔 공부를 시켜주는 것 같아 괜찮다.

다음에 볼 땐 내 비상식량으로 가져온 웨하스라도 몇 개 줘야겠다.

저녁 무렵에 정견이가 또 왔나보다. 잘 안 짖는데 등산객이 길을 잘못 들었나? 아무튼 정견이는 무문관의 든든한 문지기다.

정진 장애의 시작

아침공양 후 머리가 하도 가려워 거울을 보니 상처 주위로 온통 곪아 있다. 휴지로 닦아내니 고름투성이다. 며칠 전 공양을 안으로 들여오다가 그 위에 있는 선반 모서리에 머리를 세게 부딪혀서 조금 찢어졌었다. 마침 서랍에 연고가 있기에 아무 생각 없이 상처에 발랐다.

그제야 느낌이 왔다. 설명서를 보니 항생제가 포함된 연고였다. 항생제 잘못 사용하면 크게 애먹는 체질인데 걱정이다. 휴지로 계속 고름을 닦아내고는 있는데 약도 사용 못 하니 어떡한다. 소독약이라도 구해서 소독만 해보는 수밖에…….

구내염에다, 머리 상처까지 덧나고, 무릎관절염 재발에다, 목뼈도 아직 시원찮고……. 이제 제발 그만 좀 아팠음 좋겠다. 그리도 아팠으면 이제 지칠 때도 됐는데 무슨 미련이 남아 이리도 사람을 힘들게 하는지 모르겠다.

제불보살님이시여, 제발 이쯤에서 아픈 것 모두 거두어가시고 이번 철 정진 잘하고 회향할 수 있도록 가피를 주소서. 혜안 스님이 소독약을 구해줘서 소독하고 계속 고름만 닦아냈다. 고름은 한 시간 정도 나더니 좀 덜해졌다.

새벽에 머리가 욱신거려 상처 부위를 닦아내니 어제와 별다른 게 없다. 여전히 고름이 많이 나왔다. 감염 부위가 손바닥만 해서 통증도 꽤 심하다. 소독만으로는 안 될 것 같은데 그렇다고 항생제도 못 먹는데 약을 지을 수도 없고 걱정이다. 머리가 너무 아프니 구내염은 아픈 체를 못 하고 조용히 있다.

어지러운 머리를 억지로나마 정신 차리려고 바로 앉았다. 눈도 흐릿하고 아직 멍한 기분이다. 화두를 챙겨보지만 이내 아픈 곳으로 신경이 쓰인다. 그래, 아직도 내가 감내해야 할 고통이 남았다면 내 기꺼이 모두 치러내고 결국은 이겨내리라.

무문관 3호실

아픈 몸과 마음을 식히려고 문살 가까이 얼굴을 대고 밖을 내다보았다. 하얀 배추나비 한 마리가 너울너울 춤을 추며 토끼풀 꽃에 앉았다. 초등학생 시절, 저렇게 고운 나비가 한때는 배추잎에 붙어서 잎을 갉아 먹는 흉한 애벌레였다는 걸 알고 깜짝 놀란 적이 있었다.

알에서 애벌레로, 다시 번데기로, 성충으로, 자신을 끊임없이 탈바꿈하는 것이 나비의 일생이다. 한 시절 내내 애써 이룬 자기 몸을 기꺼이 껍질로 벗어버려야 결국에는 아름다운 저 나비가 되는 것이다. 저 미물인 벌레 한 마리도 나비가 되기 위해서는 초주검이 될 정도로 마지막 힘을 다해 질긴 고치를 찢어내야 한다.

어느 곤충학자가 그 모습이 안타까워 칼로 고치를 살짝 찢어줬더니 그 나비는 며칠 살지 못하고 죽어버렸다 한다. 아무리 힘든 고통일지라도 스스로 극복해내야만 그 고통에 대한 면역력이 길러지는 것이다.

고운 실을 내뿜는 누에도 허물을 네 번이나 벗어야 고치를 짓는다. 끊임없는 자기 변신. 뼈를 바꾸고 살을 벗는 고통의 시간들이 없다면, 해탈의 자리는 머나먼 신기루에 지나지 않는다.

맞배지붕으로 된 무문관 건물은 전부 다섯 개의 방으로 나누어져 있다. 그중 3호실은 가운데 있는 방으로 강진만이 한눈에 훤히 내려다보이는 전망이 제일 좋은 방이다. 다른 방들은 후박나무에 가려 조금씩밖에 바다가 보이지 않는다.

3호실은 좌우에 커다란 후박나무 네 그루와 아기 후박나무 한 그루, 동백나무 몇 그루를 좌우보처左右補處로 데리고 있다. 양쪽 방에서 소음이 들려 다소 신경이 쓰이긴 해도 그 정도야 아무것도 아니다. 처음 왔을 때는 1호실에 걸망을 풀었는데 그날따라 방에 난방이 되질 않아 3호실에서 잔 것이 그냥 인연이 됐다.

1호실은 어차피 비상 대기용으로 대중 가운데 한 사람이 문을 잠그지 않고 정진해야 하기 때문이다. 하여간 3호실에서 정진하는 게 참 좋다.

무문관 3호실 구조

마 당

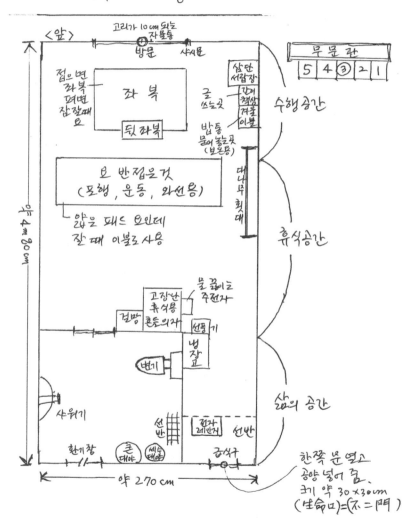

〈앞〉

고리가 10cm 되는 잠못등
방문   샤시문

무문관
5 4 ③ 2 1

접은면
좌복
며면
잘잘때
요

좌 복

뒷 좌복

글
쓰는곳

삼단
서랍장

간이
책상
겨울
이불

수행공간

밤 등
물어 놓는곳
(보온용)

요 반 접은 것
(포행, 운동, 와선용)

앉은 돼드 요인데
잘 때 이불로 사용

대나무 횟대

휴식공간

물 끓이는
주전자

고장난
휴식용
콘등의자

겁망

선풍기

변기

냉장고

삶의 공간

약 4m 30cm

약 270 cm

샤워기

선반

콘
대야

씨수
대야

전자
레인지

선반

급수구

환기창

한쪽 문 열소
공양 넣어 줌.
크기 약 30×30cm
(生命口)=(조二門)

無門關日記

128

문고리를 만지며

하루 종일 머리에서 나오는 고름을 닦아내느라 정진은 아예 뒷전이다. 작년에 하도 심하게 항생제 부작용을 겪어놔서 이 정도는 아무것도 아니지만 그래도 '무문관 결제'라는 이름 앞에서 왠지 주눅이 든다. 다른 선방 같으면 외출해서 치료도 받고, 심하면 입원까지도 가능할 텐데 여기서는 모든 게 통제된다. 그것자체가 벌써 사람을 긴장시키는 것이다.

오후에 주지스님이 공양 문을 살짝 두드리기에 내다보니 내일이라도 병원에 가보자고 한다. 이대로 놔두면 더 큰일 생기니까 지금이라도 빨리 조치를 취하자는 것이다. 난 버티는 데까지 버텨볼 생각이다. 지금 모든 업장이 녹아내린다 생각하고 오로지 정진으로 견뎌낼 생각이다.

화두라도 들면 고통이 좀 잊어질까 하고 앉아 있다가 이내 일어서고 만다. 이곳은 후박나무와 동백 숲 등 활엽수가 많아서

인지 바람이 불면 저 멀리서 이쪽으로 그가 다가오는 것을 소리로 확연히 느낄 수 있다. 마치 소나기 떼가 멀리서 쏴아 하며 몰려오는 듯하다.

모처럼 바람이 문고리를 건드릴 정도로 시원하게 불기에, 문살 가까이 얼굴을 대고 무심결에 문안쪽에 달려 있는 쇠로 된 동그란 문고리를 잡았다. 싸늘하게 와 닿는 쇠의 느낌. 순간 멈칫했다. 이 방에 들어온 후 처음으로 문고리를 잡아본 것이었다. 출입을 못 하니 문고리 잡을 일이 없었던 것이다. 아! 내가 더 열심히 정진했더라면 꿈에도 그리던 '한소식' 하는 인연이 왔을지도 모르는데……. 문득 통도사 방장으로 계셨던 경봉鏡峰(1892~1982) 스님 일화가 떠올랐다.

큰스님이 열반에 가까워졌을 때 시자侍者가 스님께 여쭈었다.
"스님, 가시면 어떤 것이 스님의 참모습입니까?"
"야반삼경夜半三更에 대문 빗장을 만져보거라."

큰스님은 이렇게 말씀하신 후 열반에 드셨다. 이 기막힌 화두 한 자락을 남기신 선사의 모습은 부처님 모습 그대로였다고 전한다. 나는 삼경이 아니고 낮에 만져서 '한소식'이 없었나? 큰스님의 속 깊은 화두를 어찌 알음알이로 이해할 수 있겠냐마는 가슴에 한 줄기 서늘한 바람이 지나감을 느꼈다. 더 열심히 정진하자. 암만 아파도 문고리 잡는 소식을 알 때까지.

몸이 고생이다

음력 칠일이 되니 바닷물도 별로 변동이 없다. 아마 지금쯤이 보름 기간 중에서 제일 움직임이 덜한가 보다. 오늘은 죽도도, 파릇한 간척지 논도, 후박나무도, 새들의 노랫소리도 보이지도 들리지도 않는다.

'빨리 나아서 좌복에 앉아야 할 텐데' 하는 간절한 생각뿐이다. 다친 후 벌써 나흘째다. 이젠 좀 차도가 있어야 할 텐데 전혀 약을 못 쓰고 그냥 보고만 있으니 내심 답답하다.

향을 피우면서 제불보살님께 기원드린다. 허공으로 피어오르는 한 줄기 향연香煙을 보며 많은 중생들의 염원까지 같이 기원한다. 내 출가 서원인 몸 아픈 중생들을 위해 이 한 몸 할 수 있는 데까지 헌신할 수 있도록, 그 서원 결코 저버리지 않도록 또 기원한다.

오늘은 하루가 정말 길다. 저녁을 미역국에 몇 술 말아 먹고 오랜만에 양치를 하는데 입술에 뭐가 자꾸 걸린다. 수염이 길어서 그런가 하고 거울을 보니 윗입술이 허옇게 다 벗겨져 너덜너덜하다. 참 여러 군데 고생한다.

혜안 스님이 많이 늦는다. 늦어도 저녁예불 시간까지는 빈 그릇을 가지러 오는데 오늘은 사무장이 대신 가져가는 걸 보니 아마 목포까지 약 구하러 간 모양이다. 저녁 되니 손바닥, 발가락에까지 수포가 번졌다. 얼굴에도 하나씩 나기 시작하고…….
다리 쪽은 며칠 피부 연고를 발랐더니 조금 낫긴 하다.

서너 숟갈 먹은 저녁은 소화가 안 되고 더부룩하다. 문살로 들어오는 가느다란 바람 한 줄기가 그래도 위안이 된다. 밑이 아프니 앉는 것도 불편한데 억지로 좌복에 앉았다. 해제하면 곧바로 나에게 맞는 약부터 준비해서 상비약으로 가지고 다녀야겠다.

혜안 스님은 어디 가고 사무장이 소독약만 구해 들여보내 준다. 약은 역시 못 구했나보다. 아, 걱정이다. 이것 갖곤 안 되는데
……. 우선 이것이라도 해보자 싶어 소독하고 가루약을 조금 발라봤다. 붕대를 두툼하게 포개 그 위에 덮어씌우고 끈을 길게 하여 목에 묶으니 참 가관이다.

열 시가 넘었다. 오지 않을 잠을 청해보자. 온 밤을 선잠으로 뒤척이며 때때로 일어나 소독하고 약을 발랐다. 그래도 고름이 계속 나오는 건 마찬가지다. 손바닥, 발바닥, 겨드랑이 쪽에도

발진 현상이 나타난다. 그래도 새벽은 밝아오고 새들은 여전히 지지배배 잘도 울어댄다.

아침공양 때 혜안 스님 편으로 주지스님께 메모를 넣었다. 오늘 병원에 가보자고 한 걸 며칠 더 미루자고 했다. 주지스님은 하루라도 빨리 치료를 하는 게 안전하다고 하나 내 입장에선 하루라도 더 견뎌보는 게 최선이다.

벽에다 '미소불微笑佛'을 한 분 그려 붙였다. 붓펜으로 쓱쓱 그렸지만 웃고 있는 부처님을 보니 조금 힘이 난다. 서툴게 그려 개구쟁이 부처님 같아 더 정이 간다. 앞으로 미소불과 많은 대화 나누며 지내야겠다.

미소불

점심공양 후 혜안 스님한테 상처 부위 치료를 부탁했다. 아픈 곳이 잘 보이지도 않고, 가루약이 굳으면서 속에서 곪아 도저히 혼자서는 안 되겠기에……. 좁은 공양구로 머리를 겨우 내밀었다. 치료를 하던 혜안 스님도 상태가 많이 안 좋으니 병원에 다녀오는 게 좋겠다고 한다. 일단 치료를 부탁했으니 며칠 더 견뎌 볼 생각이다. 결제 이후 처음으로 혜안 스님 얼굴을 봤다.

늘 공양 주고 가는 기척은 알지만 일부러 보지 않으려고 피했기 때문에 얼굴 마주칠 일이 없었는데 오늘 어쩔 수 없이 보게 됐다. 얼굴이 생각나지 않아 가물가물했는데 역시 믿음직한 모습이 새롭다.

그러고 보니 옆방 다른 스님들 얼굴도 기억이 잘 안 난다. 나처럼 수염을 길러 시커멓게 됐을까. 어떻게들 지내는지 궁금하다.

최선의 선택

이제 답답하다 싶으면 습관적으로 문살 가까이 코를 대고 바깥 바람을 들이마신다. 오늘도 지친 영혼에 생기라도 불어넣을 요량으로 문 앞에 서서 모자이크 세상을 내다보고 있었다.

마당 끝 축대 위에 새 한 마리가 날아와 앉았다. 그냥 지나가는 새이려니 했다. 그런데 한참을 두리번거리더니 토끼풀 더미 옆 조금 움푹 파진 곳에 가서 조심조심 앉는 것이다. 아마 거기에 알을 낳은 모양이다. 딱하기도 하지. 어찌 거기다가 알을 낳을 생각을 다 했을까. 하기야 무문관이라 평소 사람도 없는 듯하고, 마당 끝이라 포식자들로부터 보호도 받겠다 싶어 나름대로 생각 끝에 낳았을지도 모르지. 그래도 그렇지. 그렇게 노출된 공간에 알을 낳았으니 제대로 부화시켜 새끼들을 키울 수 있을지 의문이다.

산비둘기 비슷한데 몸집은 작고 부리가 긴 것이 잘 못 보던 새였다. 하긴 산비둘기 같으면 땅에 알을 낳지도 않았겠지. 허나 정말 걱정이다. 더구나 요즘은 알에서 조금 떨어진 곳에 있는 돌 위에 혜안 스님이 헌식용으로 밥 남은 것까지 놓아두니 온 갖 새들과 짐승들이 부지런히 왔다 갔다 할 텐데…….

전에 전자제품 광고에서 "순간의 선택이 십 년을 좌우한다" 라는 문구를 본 적이 있다. 전자 제품이야 까짓것 잘못 사도 십 년 정도 속 썩이며 살면 되지만, 저 새는 잘못된 순간의 선택으 로 까딱하면 새끼들을 다 잃을 판이니 지켜보고 있는 내가 더 안타깝다.

우리도 끊임없는 선택을 강요받으며 살고 있다. 한 치 앞을 내다보지 못하고 한생을 살아가자니 마음 또한 얼마나 답답한 가. 때론 잘못된 선택으로 가슴을 칠 때도 있고, '야, 정말 그때 의 선택은 잘한 거야' 하며 생을 두고 감사하고 기뻐할 때도 있 다. 이것도 저것도 결국은 자신이 선택할 일이지만 올바른 결정 을 내리기 위해서는 지혜가 필요하다.

머리가 내리는 '지령'이 아닌 가슴에서 메아리치는 '울림'이 필요한 것이다. 부처님은 올바른 지혜를 갖기 위해선 팔정도八 正道를 닦으라고 하셨지만 그게 어디 쉬운 공부인가. 그저 가능 하면 선택의 순간이 다가왔을 때 가슴의 울림을 들어보려 애쓸 수밖에…….

그런 후 선택을 하였으면, 설사 시행착오를 겪고 갈등이 생길 지라도 그 주어진 상황에서 내가 할 수 있는 최선을 다하는 것이 잘 사는 것이다. 마당가에 알을 낳은 저 새는 이런 주위 상황을 모르고 낳았겠지만 이미 알을 낳았으니 더 열심히 주위를 살피며 부지런히 왔다 갔다 하는 것이 지금 할 수 있는 최선의 길이다.

어떤 선택을 하였던 간에
'지금, 여기'가 가장 중요한 자리이다.
이 순간 최선을 다해 살지 않으면
아무리 잘한 선택이라도
잘못한 선택보다 더 잘못 살 수도 있다.

타성일편

새벽하늘이 잠포록하다. 바다 쪽도 안개가 짙다. 며칠 동안 신경을 곤두세우고 지냈더니 잠도 개운치 않으면서 늦잠을 잤다. 포단 위에 앉아 슬픈 표정의 하늘을 보니 이소라가 부른 〈블루 스카이Blue sky〉가 자꾸 입안을 맴돈다. 짙은 허스키의 그녀가 이 노래를 불렀기에 망정이지 다른 사람이 불렀으면 '우울한' 하늘이 아니라 '파란' 하늘이 됐을 거다.

'블루 스카이'라는 이름의 양면성이 놀랍다. 눈이 시리도록 푸른 하늘의 뜻이 있는가 하면 잿빛 하늘 눈물 가득 머금은 우울한 하늘이라는 뜻도 있으니…….

세상사 이치가 다 그러하거늘 미련한 중생들이 그걸 모르고 한 단면만 보고 그 뒤에 숨겨진 이면을 보지 못하니 서로 죽이고 싸우고 미워하고 가슴속에 한만 키우다가 다들 떠나지…….

오후에 하늘을 보니 여전히 회색빛이다. 바람에 비 냄새가 제법 묻어 있긴 한데……. 가만히 앉아 있다 물을 끓였다. 치료에 정신이 팔리고 구내염 때문에 미루고 하다가 일주일은 차를 굶은 것 같다. 몸에서 차를 부른다. 이런 날은 커피도 괜찮지만 온몸에 번져 있는 항생제 독기를 빼는 데는 녹차가 제일이다. 연녹색으로 우려낸 차 한잔. 첫 잔을 제불보살님과 옹호성중擁護聖衆님께, 그리고 무문관 3호실 주불인 '미소불'께 헌공했다. 그나마 이 정도로 고생한 것도 모두 님들의 가피 덕이다.

그리고 이 업신業身 중생도 한잔 해야지. 조그만 연잎 잔에 따라 조금씩 맛을 깊이 음미한다. 아, 이 향기, 이 맛! 뭐든지 역시 '고팠을 때'의 맛이 제일이다. 차든 음악이든 음식이든 사랑이든……. 아무쪼록 이 쌍봉차 기운이 몸속에 꿈틀대고 있는 나쁜 기운들을 모두 걸러내 줬으면 참 좋겠다.

아직 다리 쪽에 부작용 난 것이 불편해 몸을 이리저리 꼬며 거의 두 시간을 죽도와 너 한 잔 나 한 잔 하며 2리터짜리 한 주전자를 다 마셨다. 한 되를 앉아서 가뿐히 마신 셈이다. 차를 더 넣지 않고 계속 마셨더니 맹물로 마시는 백차가 아니라 녹차가 그냥 백차가 돼버렸다. 이번 철 쌍봉차 공덕이 크다.

가끔 엉뚱한 생각이 든다. 내가 시절인연을 잘못 타고났나, 아니면 딴 별에서 어쩌다가 지나치면서 잘못 들렀나? 작년에 담당 의사가 나같이 특이한 체질은 처음 봤다고 하며 아주 귀한 몸이니 관리 잘하라고 한 말이 생각났다. 그래서 사바세계 약

들을 몸이 거부하는 건가.

그러고 보니 내 지나온 삶이 참 많은 구비를 돌아가며 온 것 같다. 그래도 그때마다 불보살님의 가피로 견뎌오긴 했지만…….

저녁공양 후 비가 오기 시작했다. 어느 숲이나 비 오는 소린 참 듣기 좋겠지만, 후박나무 숲에 내리는 빗소리만 하겠는가. 이곳에선 캄캄하게 있어도 가는 비 오는 정도까지 다 알 수 있다. 후박나무 잎들은 하도 유별나서 꼭 티를 내기 때문이다.

어떤 땐 지나가는 바람 소리도 비가 오나 착각할 정도로 빗소리 흉내를 잘 낸다. 그나저나 늦게라도 비가 와서 정말 다행이다. 그렇지 않았으면 거의 일주일을 연고 부작용으로 투쟁하고 있는 가여운 내 영혼까지 그 항생제 균이 갉아먹고 있을 것이다. 그래 실컷 좀 내려라. 그리고 메말라 흙먼지 일으키고 있는 내 영혼을 좀 촉촉이 적셔다오.

비 오는 날은 가렸던 한지를 걷어내는 날이다.

이젠 조금씩만 좋아하자. 너무 많이 좋아하다 보면, 그래서 '좋음'으로 채워져 있을 그 공간이 언젠가 '쓸쓸함'으로 비워지게 되면 그 허전한 상실감을 어찌할꼬.

아! 이 비를 마당 가운데서 흠뻑 맞을 수 있으면 얼마나 좋을까. 눈으로, 귀로, 가슴으로만 만족해야 하다니……. 오늘은 참 하게도 내린다. 후박나무 잎들도 옷을 뒤집지 않고 그냥 비를 맞고 있다. 아마 후박나무처럼 비를 좋아하는 나무도 없을 게다.

밤늦도록 비가 오고 있다. 후박나무 숲에 내리는 빗소리를 가만히 듣고 있으면 그 소리에 빨려 들어가지 않을 수가 없다. 화두 삼매도 이렇게 쉽게, 깊이 들 수 있다면 아마 부처 사태 나겠지. 오늘은 잠이 올 것 같지 않다. 아니 잘 수가 없다. 이런 날 앉아서 용맹정진하지 않으면 언제 또 하리.

해인사 선방에서 첫 철을 나며 정진하던 시절, 그땐 제일 하판下版에 앉아 오롯한 신심 하나만으로 눈에서 불이 튀던 시절이었다. 위로 모두 구참 스님들만 모시고 살던 시절이었으니까 선방 대표라고 할 수 있는 열중悅衆스님은 더욱 대단하게 보였다. 그런 열중스님이 입선과 방선 때 치는 죽비는 또한 얼마나 신성하고 위엄 있게 보였는지……. 흡사 전쟁터에 나가는 장군의 칼처럼 손잡이 부분에는 무명실을 꼬아 장식을 했고, 아주 적당히 휘며 위로 갈수록 굵어지는 몸체는 흡사 관우의 청룡도青龍刀를 연상케 했다.

어느 날 점심공양 후 큰방에 잠시 들렀다가 마침 아무도 없기에 죽비 보관하는 곳으로 가서 살짝 만져보았다. 아주 전율이 오는 것 같았다. '나도 열심히 정진해서 언젠가는 이 죽비를 잡고 대중을 지도해야' 하며 단단히 마음을 먹는데 '타성일편打成一片'이라 새겨진 글이 눈에 들어왔다. '타성일편'이라…….

타성일편이란 화두, 즉 의단疑團이 뚜렷하면 화두와 내가 하나가 되어 서로 나누어지지 않고 한 몸을 이루게 되는데, 의심덩어리가 불덩어리가 되어 다른 것이 끼어들 틈이 없는 상태가 되어 화두가 뚜렷이 한 조각을 이루는 것을 말한다. 즉, 천만 갈래의 마음을 하나에 다 모아버린다는 말이다.

길게 호흡을 들이마시고 천천히 내뱉는다. 똑똑 떨어지는 낙숫물 소리가 내 선정을 도우는 '타성일편'이 되길……. '우선일여雨禪一如'라고나 할까.

혼자 있을 때 더 철저하라

내 잠버릇은 그리 험하지는 않다. 칠팔십여 명이 한방 생활을 하는 해인사 강원 시절에도 그랬고, 제방의 선원을 두루 다닐 때도 그랬다. 내가 잠을 잘 때 자세는 정해져 있다. 바르게 누운 뒤 두 손은 꼭 깍지를 껴서 가슴에 올려놔야 편안히 잠들 수 있다. 아마 군대 있을 때 습관이 몸에 밴 것 같다. 그러니 대중 처소에서 곱게 자기로 평이 날 수밖에…….

결제하러 내려오는 길에 장성에 있는 김범수 교수님 댁에서 같이 하루를 자게 됐는데, 아침에 일어나니 교수님께서 "스님, 참 곱게도 주무십니다" 하며 웃었다.

그렇다. 그렇게 얌전히 자는 내가 혼자만 자게 되면 그리 참하게 자는 것 같지 않다. 옆에 누가 있으면 아무래도 긴장이 돼서 본능적으로 얌전하게 자게 되지만 혼자 잘 땐 아무래도 몸이 먼저 편안한 걸 아나보다.

혼자 자다가 일어나 보면 방향이 바뀌어 있을 때도 있고, 엎드려 잘 때도 있다. 옆으로 팔을 잘못 두어 어깨가 아파 며칠을 고생한 적도 한두 번이 아니다. 수행자는 잠을 잘 때도 늘 화두를 점검하며, 긴장하며 자야 하는데 대중살이의 긴장에서 벗어나니 몸이 벌써 알고 제 편한 대로 뒹구는 것이다. 물론 마음의 고삐가 풀리니까 몸이 따라가는 것이겠지만.

어제 역시 잠을 잘못 잤는지 왼쪽 어깨가 조금씩 아프더니 저녁이 되어서는 꽤 아프다. 아무래도 며칠은 고생할 것 같다. 긴장의 고삐를 늦춘 나태의 대가를 톡톡히 치르고 있는 것이다. 주위에 누가 없을 때, 그래서 나태懶怠와 방일放逸이 찾아들 때를 조심해야 한다. 혼자 있을 때 더 철저하게 자신을 돌아봐야 한다.

바람을 그리며

사실, 이 글을 제일 먼저 쓰고 싶었는데, 마음속으로 썼다 지우기를 몇 차례 한 뒤에 오늘은 작정하고 시작해본다. 그만큼 '바람'이라는 말에 가슴이 저려 감히 뭐라 할 수조차 없었기 때문이다.

바람이라!

노을만큼이나 나는 바람을 좋아한다. 아니 바람 그 자체가 나일지도 모른다. 나는 오래전부터 사람은 존재가 아니라 바람이라는 생각을 했다. 그래서 문득 바람 냄새를 맡게 될 때, 사람은 가슴 아린 그리움을 느끼게 되는 것이라고……. 무의식을 자극하는 근원을 알 수 없는 그리움……. 불어오는 바람처럼 태어나고, 불어가는 바람처럼 사라져가는 게 인간이요, 또한 인생이다.

그물에 걸리지 않는 바람처럼
무소의 뿔처럼 혼자서 가라

《숫타니파타》에 나오는 경구 중 이 대목을 나는 유난히 좋아
한다. 그물에 걸리지 않는 바람, 어느 곳에도 머무르지 않고 집
착하지 않는 그 바람, 나는 늘 바람처럼 떠도는 사람이었다. 아
니 그런 삶을 일부러 살아왔다. 나는 바람의 그 자유로운 속성
을 닮아 그가 손짓할 때는 언제든지 그를 따라나서야만 했다.
이 산중 저 회상을 떠돌다 새벽 숲에 쓰러져 그곳에 또 하나의
내 숨소리를 남겨놓고 또 어디론가 떠나기를 어언 이십여 년.
그 많은 숲들을 지나오면서 맨몸으로 살다 맨몸으로 떠나는 법
을 배웠다. 언젠가 이 산하 온 숲에는 내가 떠돌다 남겨놓은 숨
소리만이 남아 숲의 깊은 잠 속을 떠다닐 거다.

바람! 그것은 세상 곳곳을 떠도는 하나의 혼불이다.

모든 사람들의 영혼을 깨우며 다니는 보이지 않는 빛. 외로움
에 젖어 있는 이의 발길을 멈추게 하고, 슬픔에 잠겨 있는 이의
가슴을 흔들기도 한다. 고뇌하는 수좌의 영혼에 한 줄기 청량
한 빛이 되기도 하고, 갇혀 지내는 모든 것들에게 삶의 희망이
되기도 한다.

바람은 무엇이든 흔들어 깨우는 속성이 있다. 인간은 깨어 있
을 때, 마침내 존재의 의미를 찾고자 하는 싹들이 꿈틀거린다.
깨어 있다는 것은 자신의 모든 것을 투명하게 비추어 볼 수 있

는 거울을 간직하고 있는 것과 같이 소중하다.

지리산 토굴 시절, '운풍산방雲風山房'이라 이름 지을 정도로 그곳은 바람이 많았다. 그 많은 날들을, 그 많은 바람들과 지내며, 그렇게 많은 밤을 얼마나 산을 헤매고 다녔는지……. 그 알 수 없는 '존재의 의미'가 무엇이기에!

전에는 바람에 대한 글을 술술 잘도 썼는데, 이젠 그것도 싫다. 그냥 '바람'이라고만 해도 그 모든 것이 다 내 속으로 들어오기 때문이다. 프랑스의 유명한 시인인 폴 발레리Paul Valery (1871~1945)는 바닷가 묘지 옆에서 짧은 시를 썼다.

바람이 분다.
살아야겠다.

바람이 부는 것을 보면서 하나의 욕망처럼 절실하게 살아야겠다고 마음먹는 것은 그 상황을 경험해보지 않은 사람은 감히 엄두도 못 낼 일이다. 그만큼 고단한 삶을 치열하게 살아내야만 풀잎을 스치는 한 자락 바람을 보고도 '살아야겠다'라는 생각이 욕망처럼 꿈틀거리는 것이다.

이곳은 바람이 귀하다. 가끔 바람이 불어와 후박나무 잎들을 흔들어 깨우고, 마당에 무수히 난 이름 모를 잡초들의 몸도 흔들고, 그 바람이 그리워 문살에 얼굴을 대고 선 내 뺨도 살짝 건드려주고 간다.

그 조그마하고 순간적인 싸한 느낌이 오늘도 나를 살아 있게
한다. 태곳적부터 지금까지 그 움직임을 쉬지 않는 그의 끈질긴
생명력과 모든 영혼을 흔들어 깨워주는 그의 자비심과 어느 곳
에도 걸림이 없는 그의 자유로운 속성을 사랑한다. 적어도 이
땅에 몸 받아 사는 사람이면 가끔 가슴을 열고 '바람의 말'에
귀를 기울여볼 일이다.

바람이여!
내 여기서 나가는 날
온몸으로 너를 맞이하리라
내 영혼에 쌓여 있던
모든 먼지를 털어내고
너와 함께
미뤄둔 만행을 떠나리라

노을을 그리며

며칠 동안 흐렸는데 오늘 저녁은 맑게 개었다. 오후에 바람이 꽤 불더니 하늘에 흩어져 있던 구름들을 모두 청소했나보다. 일곱 시가 넘었는데도 만덕호 근처에는 아직 햇살이 몇 군데 묻어 있다. 오늘이 하지다. 하지는 해가 하늘에 가장 오랜 시간 머물러 있는 일 년 중 딱 절반인 날이다. 저 북태평양 어디쯤 '북회귀선北回歸線'을 돌아 다시 남쪽으로 내려오는 날인 것이다.

나는 늘 태양도 더 이상 가지 못하는 그곳 '회귀선'에 가보고 싶었다. 극지방에 가까워질수록 나타난다는 오로라도 보고 싶고 밤에도 훤하다는 백야白夜도 보고 싶다. 언젠가는 남태평양에 보석처럼 떠 있는 타히티, 피지, 사모아, 파푸아뉴기니에 가보고 싶다. 그리고 태평양은 아니지만 인도양에 있는 몰디브에서 온 바다를 펄펄 끓게 하는 그런 노을도 보고 싶다.

태양이 남회귀선을 돌든 북회귀선을 꺾어 나오든 고갯길을 넘어 내리막길을 탔다는 거다. 어찌 보면 노을이 지는 것도 태양이 하루의 반환점, 회귀선을 탔다는 의미로 볼 수 있다. 노을과 회귀선은 내게 추억을 불러일으킨다.

지난날 한때 부산에서 목포를 잇는 2번 국도를 따라 동쪽에서 서쪽으로 해 질 무렵부터 어둑해질 때까지 '노을'이와 함께 노을을 보며 〈티켓 투 더 트로픽스Ticket To The Tropics〉란 노래를 들으며 일주일을 달린 적이 있다. 그때 '열대 섬으로 가는 티켓'이라는 의미의 제목도 그럴싸했는데 노을과 그 노래의 느낌이 너무 잘 맞아떨어졌었다. 오늘 문득 태양이 정점인 날이고 보니 그 노래가 무척이나 듣고 싶고, 장엄하게 지는 노을도 사무치게 그립다.

나는 노을을 참 좋아한다. 노을 같은 삶은 여운을 남기는 삶이다. 내가 운전하는 차 이름도 노을이고 내가 좋아하는 음악 시리즈도 노을 몇 번으로 나가며 웬만한 의미 있는 것에는 노을이 빠지지 않는다. 철이 들면서부터 좋아하기 시작했는데 아마 《어린 왕자》를 읽은 후 전염된 것이 아닌가 생각된다. 어린 왕자가 사는 별은 워낙 작아서 고개만 서쪽으로 돌리면 언제든지 노을을 볼 수 있다. 외로울 때마다 노을을 바라보던 어린 왕자는 어느 날 사무치는 외로움에 하루에 마흔세 번이나 노을을 바라본다.

그 대목을 읽으며 어린 마음에도 그리 가슴이 아프고 감동적이었나보다. 친구라곤 장미 한 송이밖에 없는 그 별에서 어린 왕자가 느낀 그 외로움, 고독은 가히 짐작이 가고도 남는다. 그 후 어린 왕자는 길을 나서게 되는데 지금 내 식으로 생각하면 선재동자善財童子가 법을 구하러 만행을 나선 것쯤 되겠다.

노을과 만행! 참 잘 어울리는 짝이다. 내 삶은 이 두 가지를 빼고 나면 별로 남는 게 없다. 그만큼 노을을 찾아 온 산하를 돌아다녀 이젠 어느 곳에 가면 어떤 노을이 좋은가도 대충 알고 있다.

어느 지역에서나 운이 좋은 날은 멋지게 떨어지는 일몰과 그 후 찬란하게 번져나가는 노을을 볼 수 있지만, 그래도 지역적인 조건으로 보면 호남이나 서해안 쪽이 유리하다. 그쪽은 높은 산도 별로 없고 평야가 많으며 바다로 바로 떨어지는 일몰도 볼 수 있기 때문이다.

산에서 바라보는 서해안 쪽 노을은 미황사美黃寺 위쪽으로 올라가서 달마산達磨山 정상에서 보는 것이 일품이다. 땅끝마을에서 지는 것도 괜찮고 익산 동부의 왕궁면王宮面 쪽 평야에서 엄청나게 커져서 지평선으로 떨어지는 해도 볼만하다.

사 년 전인가. 불국사佛國寺 선방에서 겨울안거를 난 적이 있는데, 사실 정진도 정진이었지만 불국선원은 방향이 정서향이라 겨울 노을을 잘 볼 수 있는 드문 곳이기도 하다. 그 겨울 한 철, 참 시리도록 푸른 겨울 하늘에 번져가는 독특하고 섬세한 맑은 겨울 노을을 실컷 감상했다. 저녁공양 후 마당 끝에 서서 넋이 나간 듯 매일 노을을 보고 있으면 다들 곁눈질까지 해댔지만 아랑곳하지 않았다.

절에서 볼 수 있는 멋진 노을이 참 많기도 하지만 기억에 남는 곳은 봉화에 있는 축서사鷲棲寺에서 소백산 준령으로 지는 일몰과 노을이 참 좋았고, 영주 부석사浮石寺, 청주 관음사觀音寺도 괜찮은 곳이다.

또 불교 성지인 미얀마 바간 지역에서의 노을을 잊을 수 없다. 폐허로 변한 고도古都의 탑 숲으로 피어오르는 아침노을을 보기 위해 잠도 자지 않고 혼자 나와 탑돌이를 하기도 했다. 바간의 노을 명소인 쉐산도 파고다Shwesandaw Pagoda에 올라가서 본 저녁노을은 평생 잊지 못할 추억으로 각인되었다. 그렇게 장엄하게 지평선으로, 아니 니르바나nirvana로 쏟아져 내리는, 그리고 온 하늘을 자주색 노을로 뒤덮은 그날을 어찌 잊으랴.

노을도 계절에 따라 조금씩 그 느낌이 다르다. 봄 하늘에 물든 노을은 마치 새색시 볼에 물드는 홍조같이 엷으면서도 섹시하다. 그러나 뿌연 하늘과 온 산하를 불태우는 꽃빛으로 인해 부끄러움 잘 타는 봄 노을은 보기가 쉽지 않다. 이즈음에는 멘델스존 〈바이올린 협주곡 마단조 64번〉 1악장을 들으면 잘 맞아떨어진다.

여름 하늘 노을은 뜨겁다. 낮 동안 해가 부지런히 대지를 데우고 난 뒤라 노을마저도 덩달아 그래야 하는 줄 알고 따라 한다. 운이 좋으면 정말 장엄하게 떨어지는 해와 노을을 볼 수 있는 때가 여름 저녁이다. 노래로 들을라치면 역시 〈티켓 투 더 트로픽스〉나 〈스페니시 하트Spanish Heart〉가 제격이다. 해 지고 노을이 물드는 바닷가에서 정열적으로 연주하는 이 음악들을 듣고 있으면 그 노을 속으로 그대로 빨려 들어갈 듯하다.

가을 노을은 왠지 쓸쓸하다. 추수가 끝난 빈 들녘 위에 스러지듯이 피어오르는 노을은 우리네 삶을 관조하게 하는 마력을 뿜어낸다. 겸허하게 사는 법을, 그리고 보다 많은 사람들을 사랑하라고 깨우치는 듯하다. 가을 노을에 맞는 노래는 역시 이동원이 부른 〈이별 노래〉다. "떠나는 그대 조금만 더 늦게 떠나준다면 (……) 그대의 뒷모습에 깔리는 노을이 되리니……." 더 이상 말이 필요 없는 아름다운 그림이 연상되는 이 가사는 정호승 시인이 썼다.

내가 제일 좋아하는 노을은 겨울 하늘에 피어난 노을이다. 겨울 하늘은 무엇보다 티 없이 맑아서 좋다. 그 시리도록 푸른 하늘가로 번져 나오는 노을은, 가만히 보고 있으면 금방 눈물이 필 정도다. 내 영혼을 맑혀주는 여러 가지 인연들이 있지만, 그 첫 번째가 겨울 하늘에 아름답게 피어난 저녁노을이다. 겨울 노을에 잘 어울리는 음악은 〈백조의 호수〉 중 '정경'일 것이다.

잔잔하게 흐르다 처절하도록 장엄하게 마무리되는 성향이 비슷하다. 아마 내 평생 이루기는 힘들겠지만 어린 왕자처럼 외로움이 사무치는 날, 노을이 피어오르는 시간에 지구를 하루에 딱 한 바퀴 도는 비행기를 타고 서쪽으로 서쪽으로 하루 종일, 아니 며칠이고 겨울 하늘에 핀 노을을 보며 날고 싶다. 그리고 시퍼런 티베트 하늘에 흐르는 노을은 어떤 깃발들을 날리고 있는지도 빨리 가서 보고 싶다.

인류 역사가 시작된 이후 노을만큼 사람들의 영혼을 울리게 하는 것은 없을 것이다. 지난날, 노을이나 석양이 들어가는 노래만 모아서 열심히 듣고 다닌 적도 있다. 그 노래들 가사를 보면 참으로 다양한 모습으로 노을을 잘도 표현한 듯싶었다.

노을이 머물다 간 자리에 남아 있는 그 찬란한 빛에 취하여 사랑을 노래하기도 하고 이별 노래로 가슴을 적시기도 한다. 노을이 아름다운 것은 그 속에서 자신을 불태우고 있는 태양이 있기 때문이다. 자신을 태우며 품어내는 그 빛 앞에서 세상 어느 것이 더 아름답다 하겠는가. 또, 세상 무엇이 고통스럽다 하겠는가. 모든 것을 용서하고 따뜻이 보듬을 수 있는 저 노을. 아, 노을이여, 찬란한 슬픔이여!

이곳에서는 노을을 볼 수가 없다. 밖에 나갈 수도 없는데다가 무문관 방향도 동남향으로 지어졌기 때문이다. 그래도 오늘같이 맑은 날은 강진만 건너 천관산 위로 엷게 번지는 노을 끝자락쯤은 볼 수 있다. 이젠 노을을 직접 보지 않아도 저녁 하늘 상태만 보면 '아 오늘 노을은 제법 볼만하겠구나' 아니면 '오늘은 운 좋아야 구름 사이로 몇 자락 보겠다' 하며 짐작하기도 한다.

해제하면 제일 먼저 노을이가 들려주는 〈티켓 투 더 트로픽스〉를 들으며 찬란하게 피어오르는 노을을 보고 싶다. 그리하여 내 지친 수행 여정에서 '적멸寂滅'의 위안을 받고 싶다.

바다는 바다로 그냥 두라

아침공양 때 백김치가 들어왔다. 구내염 때문에 김치 통도 내려
줘버려 김치 먹은 지가 언제인지 기억도 안 나는데, 백김치이긴
하나 오랜만에 김치를 먹으니 밥 먹는 것 같았다. 후식으로 롤
케이크 한 조각도 곁들였다. 간식을 안 먹겠다고 일절 들여보내
지 말라고 했는데 깜박했나보다. 오늘은 기분도 좋고 해서 그냥
먹었다.

　점심공양 후 포행하는데 차담茶啖으로 강냉이 삶은 게 들어
왔다. 난 옥수수 하면 왠지 시골 맛이 안 나 그냥 강냉이란 이
름을 잘 쓴다. 제법 토실한 게 알맞게 여물었다. 문득 고향의
'먼당 밭'에서 한아름씩 따내던 강냉이가 생각났다. '그래, 그때
참 좋았었지.'

　안개 낀 날의 강진만은 자욱한 안개에 가려 온통 바다처럼

보인다. 이런 날은 평소 보지 못하던, 아니 간척을 하기 전 옛날의 강진만을 보는 것 같아 감회가 새롭다. 내가 처음 백련사를 찾을 때만 해도 물이 빠진 갯벌에 아낙네들이 즐비했고 가을이면 갈대숲도 장관이었다. 이젠 그 모습은 옛날 얘기가 됐고 그곳에 간척지가 들어서 강진만의 반이 뚝 잘려 나간 흉측한 모습으로 변해버렸다. 쌀 좀 더 얻겠다고 농토를 더 확장하겠다고 갯벌을 메운 그곳에는 지금 모내기가 한창이다. 그나마 만 전체를 메우지 않고 양옆으로만 둑을 쌓은 것이 천만다행이다. 이곳에 오면서 택시를 탔는데 기사 하는 말이 강진 사람들의 심사를 대변하는 것 같았다.

"강진도 뻘을 메워버려 별 재미가 없어요, 잉."

좁은 국토를 어떻게든 넓혀서 더 많은 쌀을 얻고자 한 그 당시 정책이야 시대적인 소산이라 치자. 그런데 요즘도 새만금이다 어디다 하며 자리만 있으면 바다에 줄을 긋고 메우기가 한창이다. 일에는 양면성이 있게 마련이다. 간척을 해서 농사를 짓든 공단이 들어서든 얻는 것도 물론 있다. 그러나 땅이란 게 한번 용도를 바꾸고 나면 회복하긴 힘들다.

지금 우리가 쓰고 있는 모든 것은 다음 세대가 누릴 것을 미리 빌려 쓰고 있는 것이다. 마하트마 간디Mahatma Gandhi(1869~1948)는 "지구는 인류가 살기에 충분한 조건을 갖추고 있으나, 인간의 탐욕까지 만족시킬 만큼 그렇게 넉넉하지 못하다"라고 했다. 우리나라의 갯벌은 세계에서도 보기 드문 몇 안 되는 훌륭한 습지라 들었다.

이제 쌀도 남아돌아 농민들이 수매 거부다 추수 거부다 하는 시절인데 근시안적인 간척 사업이나 멀쩡한 산들을 뻥뻥 구멍 내는 도로 공사들은 심각하게 재고해야 한다. 살다 보면 몸도 마음도 힘들 때가 있다. 그러면 사람들은 산사나 조용한 곳에서 휴식을 취하며 재충전을 한다. 갯벌은 자연의 재충전소다. 갯벌은 갯벌로 산은 산으로 그냥 두는 게 결국은 온 중생이 함께 살아가는 길이다.

밤이 깊었다. 문살에 걸린 달 주변으로 그런대로 봐줄 만한 달무리가 생겼다. 참 오랜만에 본다. 내일 비가 오려나.

바다는 바다로 그냥 두라

157

아, 청산도에 가고 싶다

밤새 내린 비가 아직도 세차게 내리고 있다. 바람이 심하고 후박나무들도 꽤 시달린다. 새시 문을 닫으면 답답하고 열어놓으면 춥고 가져온 춘추복을 꺼내 입고 들어오는 바람을 그대로 다 맞고 앉아 있다. 바람도 맞고 싶을 땐 실컷 맞아야지. 맞는다는 것은 '맞이한다는 것'이 아닌가. 그래 오늘 바람은 내가 다 받아줄게. 모두 다 내게로 오너라.

산비둘기 한 마리 마당에 내려앉아 오는 비를 다 맞아가며 무언가를 먹고 있다. 자세히 보니 풀잎에 맺힌 빗방울을 보석 주워 먹듯이 하나씩 먹고 있다. 뭘 제대로 아는 비둘기다. 이런 날은 그렇게 물 먹는 것도 아주 운치 있지. 빈집인 줄로 아는지 태평스럽게도 왔다 갔다 한다.

죽도는 바다 가운데서 비를 흠뻑 맞으며 혼자 외롭게 떠 있다. 저 정도 크기의 섬이면, 섬 자체를 무문관으로 만들면 되겠다. 따로 문 잠글 필요도 없고, 정진하는 사람들이 불편한 게 없는지 확인 정도만 하면 되고…….

비야 오든지 말든지 바다는 묵묵히 갯벌에 물 빼는 걸 잊지 않고 있다. 보름 무렵이라 그런지 오후에 물이 많이 빠지는 시간에 작은 고깃배 오십여 척이 물 빠지는 통로를 막고 고기잡이에 열중이다. 뭘 잡는지 모르지만 저렇게 많이 모인 배는 강진만에서 보기 드문 모습이다.

오후 늦게부터 비는 멎고 마당 풀잎들이 살아 있다고 확인이라도 시키려는 듯 실바람에 살랑거린다. 문득 전에 본 다큐멘터리 〈한국의 미美〉가 생각난다. 완도의 청산도青山島 보리밭이 나왔었다. 청산도는 전에 꽤 인기가 있었던 영화 〈서편제〉를 촬영한 곳이기도 하다.

전부터 한번 가보고 싶었는데 바람에 일렁이는 보리밭 물결을 보고 얼마나 감탄을 했던지……. 요즘같이 보리밭이 귀한 때에 아직도 저런 데가 있구나 할 정도였다.

내년 5월에는 꼭 그곳에 가보고 싶다. 가서 고흐가 제대로 그리지 못해 자살까지 했다는 '바람 부는 그 보리밭'의 물결을 보고 싶다.

보일러 고장

어제 저녁부터 보일러가 이상하더니 결국 간밤에 고장이 나서 난방이 안 됐다. 저녁공양 후라 혜안 스님도 다녀간 뒤고 달리 연락할 방법이 없다.

1호실에 무문관 방 전체를 관리하는 센서가 있고 문도 열려 있어 1호실 스님이 미리 알고 조치를 취했으면 되는데, 1호실에서 정진하는 주지스님이 몰랐는지 하여간 이 지경이 됐다. 여름이지만 밤에는 불을 안 넣으면 안 되고, 요즘은 특히 장마철이라 낮에도 가끔 난방을 해야 하는데 어젯밤에 작동이 안 됐으니 오늘도 추위에 떨어야 할 것 같다.

《초발심자경문》에 다음과 같은 구절이 있다.

    절하는 무릎이 얼음같이 차더라도
    불 그리워하는 마음을 내지 말며

굶주린 창자가 끊어질 듯 배가 고파도
밥 구하려는 생각을 내지 말라
拜膝如氷 無戀火心
餓腸如切 無求食念

수행자는 모름지기 이러해야 한다고 하였거늘 편한 방에 앉아 하루 저녁 난방이 안 된다고 호들갑을 떨고 있으니 참으로 한심한 일이다. 그러나 어찌하랴.

다들 견딜 만한지 조용하다. 나는 내내 잠을 설치다가 결국 찬밥 신세로 있던 겨울 이불까지 꺼내 덮었는데 그래도 결국 새벽 한 시에 일어나 좌복에 앉고 말았다. 가뜩이나 몸이 안 좋은 상태에서 난방까지 안 되니 옷을 있는 대로 껴입고 앉아 있어도 춥기는 마찬가지다. 덕분에 일찍 일어나 정진은 한다마는 이런 비상사태 시 연락할 대책을 강구해야 할 것 같다. 겨울에 만약 이런 일이 생겨 며칠 난방이라도 안 된다면 문을 열고 대피할 수밖에 없지 않겠는가.

기름보일러는 고치기만 하면 바로 난방을 할 수 있지만 심야보일러는 축열식이라 하루 고장이 나면 이삼 일은 떨어야 하는 단점이 있다. 이런 사태를 막기 위해 1호실은 특별히 밖에서 문을 잠그지 않고 정진을 하고 있으나 각 방에서 1호실로 연락할 방법이 없으니 1호실 스님이 스스로 알기 전에는 소용이 없다.

밤새 웅크리고 잠을 설쳤더니 온몸이 뻐근하다. 오늘이 음력

5월 보름이라 삭발일인데 머리 상처 때문에 거의 보름 동안 머리도 못 감고 있으니 가렵기도 하고 답답하다. 삭발은 치료 상황 봐가면서 며칠 더 두고 봐야 할 것 같다.

결제하고 꼭 한 달이 됐다. 보름 정도 제대로 정진하느라 애를 쓴 것 외에는 여기저기 아프다는 핑계로 정진도 불성실하게 했다. 그래도 아랑곳없이 시간은 흘러 벌써 한 달이 지나간다. 몸이 심하게 아플 땐 차라리 시간이나 빨리 갔으면 했는데, 막상 한 달이 되고 보니 좀 더 치열하게 순간을 살지 못한 것을 경책한다. 만회하는 길은 남은 두 달을 더 열심히 정진하는 길 뿐이다.

오후 되면서 날이 개었다. 갯벌에는 어제보다 더 많은 고깃배들이 나와 고기잡이에 열중이다. 이 근처 배들은 다 왔는지 대략 봐도 거의 백여 척은 될 것 같다. 다들 참 열심히들 살고 있다.

식욕도 없는 공양을 대강 먹고 하루 몇 번씩 치르는 전쟁을 했다. 온몸 여기저기 난 부작용 반점들을 치료하는 시간이다. 좀 뜸해지는가 했는데 어제부터 더 심해지는 것 같다. 이제 반점들이 생기면서 찌르는 듯한 통증까지 수반하고 하나가 생기면 면적도 꽤 넓게 차지한다. 그래, 끝까지 싸워보자. 내가 다 감당해줄 테니. 번뇌즉보리煩惱卽菩提라, 번뇌도 또한 깨달음의 씨앗이고, 병고 또한 깨달음의 밑거름이 되니 마다할 게 뭐 있겠는가. 이번 철에 싸울 거리 많아서 좋다. 화두하고 씨름해야지,

이런저런 아픈 것까지 전쟁을 치러야지. 전투가 많으면 군대는 그만큼 강해지는 법. 이 몸 더 크게 아프고, 상처 받고, 고통 받아 더 크게 키우고 강해져서 보람된 일 하라는 불보살님의 단련 기간이리라.

그대 지금 간절한가!

새벽 두 시부터 아침공양이 올 때까지 꼼짝도 않고 좌복에 앉아 있었다. 아픈 다리지만 그럭저럭 견딜 만했다. 오늘 아침은 밥값 한 것 같아 뿌듯하다.

무문관 입방 한 달째. 결제 첫날, 혜암 스님의 "공부하다 죽어라"라는 가르침을 가슴에 새기며 '그래, 이번 한 철 세상에 안 난 셈 치고 무문관에서 정진하다가 포단 위에서 죽어버리리라' 하는 결의를 다지며 결제를 한 것이 엊그제 같은데 벌써 한 달이 지났다. 한 치 앞도 짐작할 수가 없는 것이 인생사라더니 내가 그 꼴이 된 것 같다. 어느 어른스님께 "무문관 정진 중인 수행자는 저승사자도 건드리지 못한다"라는 말을 들은 적이 있었다.

밖으로 모든 인연을 쉬어 없애고

안으로 마음의 헐떡임을 없게 하여

마음이 장벽처럼 움직이지 않아야

가히 도에 들어갈 수 있다

外息諸緣 內心無喘

心如墙壁 可以入道

달마대사達磨大師 사구게四句偈 가운데 하나이다. 두 평 남짓한 이 좁고 갇힌 공간에서 '외식제연'은 거의 된 거나 마찬가지니, '내심무천'만 잘하면 되겠구나 하는 마음뿐이었는데 우연히 선반에 머리를 부딪힌 후 상처 치료와 연고 부작용과 싸우느라 정진 패턴을 놓쳐 타성에 젖어버렸다. 그 틈새를 놓치지 않고 머리는 껍데기 화두만 가득하고, 가슴은 이제 망상의 소굴이 됐다.

선을 공부하자면 조사祖師가 세워놓은 관문을 뚫어야 하고, 깨달음을 얻자면 모든 생각의 길목을 차단해야 한다. 조사의 관문이 뚫리지 않고 생각의 길목이 차단되지 않으면, 너는 풀잎이나 덤불에 기생하는 허깨비나 다름없다. 대체 조사의 관문이란 무엇인가. 다름 아닌 '무無' 이 한 마디가 바로 선의 제일 관문이다. 이 문을 뚫고 나가면 조주趙州를 직접 만나보는 것은 물론, 역대의 여러 조사들과 손에 손을 잡고 한자리에 어울려, 그들이 보는 것을 너도 보고, 그들이 듣는 것을 너도 들을 것이다. 이 어찌 즐겁고 신나는 일이 아니랴. 이 관문을 뚫고 싶지 아니한가. 삼백육십 혼신의 뼈마디와 팔만사천 혼신의 털구 멍을 의문의 덩어리로 뭉쳐 '무' 이 한 마디에 매달려라. 밤낮을 가리지 말고 성성惺惺히 여일如─하게 매달려라.

중국 남송의 선승 무문혜개無門慧開(1183~1260) 스님이 쓴 《무문관無門關》에 나오는 구절이다. 이렇게 온 순간을 간절하게 정진을 하여도 시원찮을 판에 나는 과연 어떻게 살고 있나? 머리에 난 상처와 온몸으로 번져나간 연고 부작용에 끄달리고, 무릎이 아프다는 핑계로 자신과 타협하며, 그렇게 간절했던 '첫마음'은 과연 어디로 갔는가? 이런 나태한 마음으로 어떻게 조사 관문을 뚫겠는가? 다시 한번 자신을 채찍질한다.

'그대 이 순간, 이 좌복 위에서 생을 마쳐도 한 점 후회함이 없을 정도로 온몸을 던져 정진하고 있는가?'

'그대 지금 간절한가!'

아침 공양하는 사이에 혜안 스님이 마당에 있는 풀을 베어냈다. 훤하긴 하지만 서운하다. 이 마당에 있는 잡초는 그냥 둬도 괜찮은데……. 힘들 때 잎을 살랑살랑 흔들며 위로를 해주던 내 방 바로 앞에 있는 풀은 다행히 목숨은 건졌다.

그래, 너하고는 아직 인연이 남았나 보다. 최소한 한 달은 걱정 없겠다. 장마전선이 올라갔는지 다시 내려갔는지 알 수는 없으나 오늘 날씨는 꽤 맑다. 그러고 보니 6월이 다 가는데 아직 첫 매미 우는 소릴 듣질 못했다.

강진만을 바라보며

요즘 세상은 참으로 복잡 다양하다. 색깔로 나누어진 인종도 그러하지만, 나라마다 전통과 문화도 다르고 언어도 각각이다. 성경에 의지하자면 인류는 아담과 하와의 후손이 되는데 어찌하여 하나님 말씀을 안 듣고 '삐딱선'을 타서 오늘날 인류를 이렇게 많이 햇갈리게 헤쳐놓아 힘센 나라의 언어를 배운다고 애들까지 고생시키나. 인류가 성경 말씀처럼 아담과 하와의 자손이든, 부처님 말씀처럼 모든 인연이 모여 이루어졌든, 진화론자들의 주장대로 미생물에서 진화를 했든 최초의 출발점은 있었을 것이다. 아주 거대한 그물처럼 얽혀 있는 온갖 중생들도 아마 이 최초의 인간을 들어 올리면 한 그물에 다 엮여 있을 것이다.

불교 용어에 '인드라Indra'가 있다. 인도의 수많은 신 가운데 하나로 한역하여 제석천帝釋天이라고도 한다. 신력神力이 특히 뛰어나 부처님 전생 때부터 그 수행의 장에 출현하며 수행을 외호外護하는 신으로 표현되고 있다. 바로 이 제석천의 궁전에는 보배 구슬로 만들어진 그물이 있는데 이 그물을 '인드라망'이라고 한다. 이 그물코마다의 투명 구슬에는 우주 삼라만상이 휘황찬란하게 투영되는데 동시에 겹겹으로 서로서로 투영되고 서로서로 투영을 받아들인다. 총체적으로 무궁무진하게 투영이 이루어지는 것이다. 불교의 연기법緣起法, 연기적 세계관도 바로 이와 같다. 이 세상 모든 법과 모든 중생들이 하나하나 별개의 구슬같이 아름다운 소질을 갖고 있으면서 그 개체성을 유지하고 있지만 결코 그 하나가 다른 것들과 떨어져 전혀 다른 것으로 존재하는 것이 아니며 서로 떼려야 뗄 수 없는 하나를 이루고 있다는 사실이다. 이 세상의 모든 존재가 서로 관계하면서도 서로 장애가 되지 않으며, 존재하는 모든 중생이 알고 보면 따로 떨어진 개체가 아니고 하나로 연결된 몸인 것이다.

나와 남이 둘이 아닌 경계, 나의 고통과 남의 고통이 따로 떨어져 있는 것이 아니라 서로 이어져 한 몸으로 존재한다는 것을 아는 경계, 곧 동체대비同體大悲 사상이다.

지구라는 커다란 땅덩이 위에는 어마어마한 바다가 모든 땅들을 갈라놓고 있지만 저 강진만 물이 빠지면 갈라졌던 두 쪽 땅이 하나가 되듯이 깊은 바닷속도 그 끝은 결국 모두 하나의 땅 위에 존재하는 한 몸뚱이인 것이다.

다만 중생들이 미혹하여 그것을 깨닫지 못하고 눈에 보이는 떠다니는 섬만 보니 자타自他 경계가 생겨나 허구한 날 서로 내가 옳으니, 네가 그르니 하며 다툼을 일삼는 것이다.

나는 출가 초기에 이른바 '눈물병'을 호되게 치른 적이 있다. 만행 중에 보이는 모든 것들이 그리도 안타깝고 슬퍼 보일 수가 없었다. 깊은 산 오솔길을 지나다 길가에 핀 이름 모를 들꽃을 앞에 두고 눈물을 펑펑 쏟아낸 적이 한두 번이 아니었다. 그 시절 내 고뇌와 고통들을 어쩌면 그들이 먼저 알아 들꽃과 나의 의식이 서로 부대끼며 위로라도 주고받았는지 모른다.

모내기가 거의 끝나가는 간척지 방파제 뒤로 오후가 되면서 커다란 들판이 또 하나 생긴다. 매월 음력 보름과 그믐쯤에는 물이 가장 많이 들고 나는데 서너 시쯤 되면 거의 드러난 갯벌로 저쪽 마량과는 한 땅인 것처럼 보인다. 갯벌 가운데로 흐르는 조그만 강 같은 물길이 없다면 이 시간에 여기를 처음 와본 사람은 물이 찰랑대던 바다를 상상도 못할 것이다. 요 며칠은 늘 물에 둥둥 떠다니던 죽도도 다리를 걷고 좀 쉬기도 한다. 죽도 뒤로 또 섬 같은 게 하나 보이는데 한쪽 발은 아직도 바다 쪽으로 뻗고 있는 걸 보니 그쪽도 간척을 하기 전에는 죽도와 함께 쌍둥이 섬처럼 보여 예뻤겠다.

육지로 시집보낸 누이가 저만치 보이는 데서 자꾸 손짓을 하니 죽도도 참 힘들겠다. 어쩌면 매일 〈바다가 육지라면〉을 부르며 보름과 그믐을 기다리고 있는지도 모르겠다. 어쨌든 강진 앞

바다는 외로이 떠 있는 죽도가 없었으면 꽤 삭막했을 거다.

다시 강진만이 바다로 변하고 있다. 다리를 쭉 뻗고 쉬고 있던 죽도도 주섬주섬 일어설 채비를 하고 있다. 세월이 갈수록 점점 색 바래져가는 듯한 내 초발심 때의 순수한 의식의 흐름이 이 한 철, 들고 나는 저 바다를 보며 맑은 영혼으로 거듭나길……. 그리하여 고통에 몸부림치는 온 중생들의 의식의 흐름까지도 모두 알아, 그들에게 따뜻한 손을 내밀 수 있는 대자비심의 샘물이 영혼에 가득 넘쳐나길 기원한다.

오후에 혜안 스님에게 부탁해서 편지지를 좀 갖다 달라 했다. 아무래도 전에 진료받았던 의사한테 직접 편지라도 하는 게 좋을 듯싶어서……. 무문관에서 편지지를 펼쳐놓고 앉으니 갑자기 왜 이리도 서러워지는지 모르겠다. 아무리 내던져진 삶이지만 이렇게까지 해야 되나 싶다. 의사가 부탁대로 처방을 해주면 다행이고 아니면 하는 수 없고…….

무표정한 얼굴

무문관에 들어온 지도 한 달이 넘었다. 사람 구경도, 말할 필요
도 없으니 얼굴 표정에 변화가 있을 리 없다.

　새벽, 찬물에 세수하고 문득 거울을 보니 웬 시커먼 낯선 사
람이 그 속에서 나를 보고 있다. 수염은 잔뜩 길러 꼬아도 될
것같이 길고, 눈은 쑥 들어가 퀭하며 핏빛 하나 없이 무표정하
게 나를 쳐다보는 거울 속의 또 다른 나. 이렇게 오랜 시간 무표
정하게 있어보는 것도 처음이다. 그나마 푸른 안광眼光만이 살
아 있는 사람임을 겨우 느끼게 해준다.

　나는 사람을 만날 때 먼저 그 사람의 눈을 찬찬히 들여다본
다. 영혼이 맑은 사람은 눈빛 또한 참 맑다. 정신이 산만하면 눈
동자도 가만있질 못하고, 눈빛 또한 탁하다. 그리고 얼굴 전체에
그런 기운이 감도는 것을 쉽게 느낄 수 있다. 사람을 앞에 두고
무표정하게, 아무 관심 없는 듯 앉아 있으면 상대방이 얼마나

무안하고 실망하겠는가.

성 안 내는 그 얼굴이 참다운 공양구요
부드러운 말 한마디 미묘한 향이로다
깨끗해 티가 없는 진실한 그 마음이
언제나 한결같은 부처님 마음일세
面上無瞋供養具 口裏無瞋吐妙香
心裏無瞋是珍寶 無染無垢是眞常

이 법어는 당나라 무착문희無着文喜(821~900) 스님이 오대산
五台山에서 문수동자文殊童子에게 들은 게송이다. 인간의 표정
에는 자신이 사는 공동체의 분위기가 집약되어 있다. 그 사람
의 체험과 감성·지성이 삶 속에서 무르익어 나오는 것이다. 나
는 과연 어떤 모습으로 살고 있는가. 내가 늘 만나는 도반이나
인연 있는 불자들, 이웃들에게 찌푸리지 않은 해맑은 얼굴을 공
양하고 있는가. 짜증 섞이지 않은 부드러운 말로 사람들을 편안
하게 해주고 있는가. 자주 돌아보고 점검할 일이다.

성 안 내는 얼굴의 부드러운 말 한마디도 처음엔 힘들지만
자꾸 연습하다 보면 습관이 되고, 마침내 마음의 티끌까지 모
두 제거되어 부처님 마음같이 될 날이 오겠지.

수건으로 얼굴을 찬찬히 닦아내고 거울 속의 낯선 나에게 찡
긋하며 눈짓을 보낸다. 그리고 밝은 미소를 한 번 지어준다.

"힘내! 내가 지켜보고 있잖아."

온몸에 약을 바르고 있으니 제대로 앉지도 눕지도 못한다. 그냥 서서 왔다 갔다 할 수밖에. 사시예불 때 큰절 부처님을 향해 삼배를 하고 나서, 이래선 더 이상 안 되겠다 싶어 그냥 좌복에 앉았다. 오늘따라 한지로 투과되는 햇빛이 적당히 눈부시다. 마음을 가라앉히고 선정에 든다. 절 아래서는 무슨 공사인지 여전히 굴착기가 쿵쾅거리고 후박나무를 점령한 저 새들은 무슨 할 말이 그리 많은지 와자지껄하다.

눈을 지그시 감으니 이 모든 소리가 세상 밖의 소리다. 아프면 아프다고, 외로우면 외롭다고, 고통스러우면 못 살겠다고 몸부림치는 이놈이 무엇인가?

고통의 밤

어젯밤부터 속이 매스껍고 갑자기 열이 한번씩 온몸으로 '확' 하며 번지는 게 이상하다. 어떤 땐 섬뜩할 정도로 기운이 역류하는 것 같다. 좌복에 앉아 거의 밤을 새우다시피 했는데 아침이 돼도 여전히 몽롱한 기분이다. 속이 울렁거리는 것도 마찬가지다.

가끔 이명耳鳴도 있고 몸 전체가 영 말이 아니다. 앉지도 서지도 눕지도 못하겠고 머리까지 땡하다. 억지로 좌복에 앉아보지만 금방 일어서고 만다. 천천히 포행하며 관음정근觀音精勤을 계속했다. 눈까지 희미해지는 걸 억지로 부릅뜨며 정신을 차려보려 애쓴다.

우연히 가져온 손목시계를 보다가 방에 있던 탁상시계가 삼십 분 늦게 맞춰진 걸 알았다. 여태까지 모든 걸 삼십 분 늦게 하고 있었던 거다. 그러고 보니 뭔가 이상한 게 많았다. 새벽예불도 세 시 반에 하고, 아침공양도 여섯 시 반, 사시예불도 아홉 시 반, 점심공양도 열한 시 반, 모든 게 삼십 분 타임으로 진행되고 있었다. 그냥 시간을 조정했나보다 했는데 한 달 넘게 나 혼자 삼십 분 늦은 시간을 산 것이다. 다시 삼십 분 빠르게 조정해서 적응하려면 며칠 걸리겠다. 쪽지에다가 조정 시간표를 써 벽에 붙여놨다.

갇혀 지내다 보니 시간이 틀린 줄도 모르고, 틀린 시계에 맞춰 모든 걸 했으니 사람 우매한 것은 종이 한 장 차이다. 어쨌든 삼십 분이 늦어져 있었든 다시 빨라지든 간에 저 하늘의 태양은 무심히 그냥 그 시간에 지나간다.

오늘은 종일 굶기로 했다. 환자인 경우는 괜찮으니 더 고집 피우지 말고 병원에 가보자는 주지스님 전갈이 왔다. 갈 것 같으면 벌써 갔지. 여태 고생하다 지금에 와서 문을 연다는 것은 내가 용납을 못 하겠다. 어찌됐건 더 버텨볼 생각이다. 그러고 보니 월드컵도 끝날 때가 됐을 텐데 한국이 16강 진출이나 했는지 모르겠다.

계속 얼굴이 화끈거리고 열이나 물수건으로 적시고 나니 좀 낫다. 이럴 때 누가 옆에서 물수건이라도 좀 적셔줬으면 좋으련만……. 이렇게 심하게 아플 땐 마음이 자꾸 약해진다. 오늘따라 법당 부처님이 많이 보고 싶다. 하염없이 오래도록 그냥 바라만 보고 싶다. 그러다 눈물이 나면 그냥 울고 화가 나면 하소연이라도 하고 싶다. 건강하게 정진하고 싶다고 그렇게 기도했는데 이렇게도 몸과 마음을 또 아프게 하냐고 따지기라도 하고 싶다.

저녁예불을 좌복 위에서 온 마음으로 모시고 그대로 자리에 앉았다. 잘 앉지를 못하니 그냥 엎드렸다. 계속 온몸이 '훅' 하며 열이 차오르고 머리가 불덩이 같다. 이젠 아무 생각도 없다. 오래 엎드려 있지 못하고 엉거주춤한 절을 계속하며 오직 일념으로 화두를 챙겨본다. 그래, 누가 이기나 보자!

오늘 밤도 잠자기는 틀린 것 같고 나 자신과의 처절한 싸움판이 될 것 같다. 구내염도 신경을 쓰니 더 크게 번져서 입천장에 혀를 못 댈 지경이다. 침도 삼키기 힘들 정도라 겨우 물배만 채웠다. 거의 최악의 상황까지 온 것 같다. 조금만 더 힘내자. 막바지 고비는 원래 더욱 힘든 법이니 조금만 더 견디면 모든 게 좋아질 거야.

어두워지는 방 안만큼이나 내 고독과 아픔도 깊어가는 밤이다. 좌복에 엎드려 있는데 밤늦게 혜안 스님이 걱정이 된다며 우황청심환을 가지고 왔다. 그러면서 아무래도 내가 전에 입원했던 병원에라도 다녀오는 게 좋겠다는 것이 주지스님과 대중들의 뜻이라고 전해왔다. 1호실이 조용하다 했더니 주지스님이 얼마 전에 큰절로 소임 보러 내려가서 비어 있다고 했다. 소임

보랴, 정진하랴 아무래도 힘들었던가 보다.

주지스님이 마침 1호실도 비어 있고 하니 1호실로 옮겨 병원도 다니라고 했다며 전한다. 모레까지 연휴라니 그 다음날에는 꼭 병원에 가자며 처소인 수도암으로 올라갔다. 일단 상황을 보자고 했지만 나도 이제 자신이 없어진다. 하도 몸이 견디지 못할 정도로 괴로우니까 너무 힘들다. 대중들이 초비상사태라고 하니 걱정을 덜어드리는 의미에서라도 병원에 한번 다녀와야 할 것 같다.

계속 몸에서 열이 나 난방도 하지 않고 선풍기만 틀어놓았다. 혜안 스님이 주고 간 체온계로 재보니 열은 있는데 체온은 떨어졌다. 밤에라도 힘들면 입원하라며 재촉했는데 지금 입원해봤자 이 시골에서 열어놓은 병원도 없을 테고, 큰 병원에 가도 응급실 당직 의사들뿐일 텐데 그들은 나의 이 특이한 증상들을 잘 이해하지도 못할 것이다.

하여간 내일 아침까지 무슨 수를 써서라도 버텨볼 테니까 걱정 말라고 했지만 대중들 눈치 보는 게 미안하고 부끄러울 뿐이다. 아, 오늘 밤은 너무 힘들고 길다.

밤 열두 시가 넘었다. 아무래도 1호실에 짐이라도 옮겨놔야 할 것 같아 대강 짐을 챙겼다. 한탄이 절로 나온다. 옆방 스님 깰까 봐 조심조심 짐을 정리하자니 내 신세가 처량하기도 하다. 걸망 메고 선방 다닌 지 어언 육 년째인데 이렇게 힘들게 지내

긴 처음이다. 무문관이라는 특수성도 있지만 아무래도 내 건강
에 문제가 있는 것 같다. 겨울안거를 지리산 칠불암에 부탁해놓
았는데 재고해봐야 할 것 같다. 이렇게 아파가지고는 한 철 난
다는 게 무리다. 짐을 꾸리는 중에도 계속 그 증상이 나타난다.

　정말 어떻게 해야 할지 대책이 안 선다. 이런저런 병을 앓아
봤지만 이런 증상은 처음이다. 온 방에 이것저것 널어놓고 쳐다
보고 있으니 그냥 말문이 콱 막힌다.

　날이 밝으면 아니 벌써 유월의 마지막 날이다. 어쩌면 하루만
더 버텨보면 새로운 기운이 나를 일으켜 세울지도 모른다. 마음
이 약해지니까 또 별생각을 다 한다.

나한전에서 통곡하다

꼬박 뜬눈으로 밤을 샜다. 이틀째 거의 용맹정진하다시피 억지로 정진한 거다. 용맹정진 때는 잠깐 졸기라도 했지만, 이건 졸지도 못하니 제대로 정진한 것 같다. 증상은 어제와 별 차도가 없다.

유월의 마지막 날이다. 오늘 1호실로 방을 옮기면 이번 철은 반쪽짜리 결제다. 어쨌든 해제 전에 문을 열고 나왔으니 변명의 여지가 없다. 상황이야 어쩔 수 없다 하지만 내 마음은 뭐라 표현하기 어려울 만큼 괴롭고 착잡하다.

아침에 주지스님이 올라와 문을 두드렸다. 두말하지 말고 지금 당장 응급실로 가자는 것이었다. 내가 하루만 더 상황을 지켜보자고 쪽지를 넣었더니 자기가 불안해서 더 이상 못 견디겠단다.

자물쇠를 열어놓고 갈 테니 곧 뒤따라 내려오라고 하며 갔다.

공양 가지고 온 통을 밀쳐놓고 멍하니 앉아 밖을 내다봤다. 이 증상이 나타난 지 사흘째. 사흘 동안 전혀 먹지도 자지도 못했다. 몸은 거의 탈진 상태다. 그래, 병원에라도 다녀오자. 무슨 수가 생기겠지. 도저히 후원 대중들 걱정 때문에라도 안 되겠다.

조용히 앉아 생각을 정리하고 양말을 꺼내 신었다. 한 달 만에 신어보는 양말이다. 그리고 한 철 후에나 신을 거라고 봉지에 넣어두었던 운동화도 꺼냈다. 왠지 양말과 신발이 낯설어 보인다.

방문을 조심스럽게 밀었다. 삐- 걱- 소리와 함께 드디어, 열렸다. 그렇게 나를 가두어 놓았던 문이 그렇게 쉽게 열렸다. 신발을 신고 마당에 내려섰다.

첫걸음! 다리가 떨렸다. 그대로 휘청하다가 주저앉았다. 현기증까지 났다. 마침 혜안 스님이 마당에서 풀을 베고 있다가 얼른 와서 부축해주었다. 1호실 옆에 있는 의자에 앉아 조금 정신을 가다듬었다. 그리고 조심스럽게 부축을 받으며 큰절로 내려갔다.

그랬다. 내 몸 어디에 그렇게 많은 한과 뜨거운 눈물이 갇혀 있었던지 나는 정말 몰랐다. 혜안 스님 부축으로 겨우 들어선 나한전羅漢殿. 무문관에서 내려오는 길에 있는 첫 법당이기에 제일 먼저 참배하러 들어갔다. 그렇게 사무치게 꿈에라도 보고 싶었던 그 부처님 존상尊像을 뵌 순간, 그동안 온몸에 서리서리 맺혔던 한들이 한꺼번에 함성처럼 터져 일어나 부처님께 거센

항의라도 하듯이 봇물처럼 쏟아져 나왔다. 그 시작은 일배를 천천히 하고 이배를 하며 바닥에 엎드렸을 때부터였다. 처음에는 그냥 눈물이 핑 돌았다. '부처님, 못난 이 중생 몸이 아파 무문관 수행 중간에 내려왔습니다. 버틸 만큼 버텼는데 도저히 안 되겠기에 병원에 가려고 내려왔습니다.' 그러면서 엎드려 있었다.

그런데 누가 나의 울음보를, 아니 한恨 보따리를 슬그머니 풀어놓기라도 한 듯 훌쩍훌쩍 울음이 나더니 곧 통곡으로 바뀌기 시작했다. '아아, 부처님. 어찌하여 저를 이렇게까지 힘들게 하나이까. 도대체 저더러 어떻게 하라고, 얼마만큼이나 더 아파하라고 이렇게 고통을 주십니까. 정말 원망스럽습니다. 지나온 삶 동안 그토록 아파하고 힘들어했으면 됐지 무문관에 와서까지 꼭 이렇게 해야 합니까. 제발 좀 그만 아프게 해주십시오. 제발 그만이요……'

한참을 꺼이꺼이 울다보니 부처님에 대한 원망은 차츰 나 자신의 초라함과 그 무엇에 대한 분노로까지 바뀌었다. 눈물, 콧물이 완전히 범벅되어 마룻바닥이 눈물바다가 될 정도로 울부짖었다. 그렇다, 정확히 울부짖었다.

그렇게 대성통곡한 기억이 별로 나지 않을 정도였다. 갑자기 온몸에 경련이 일어나며 마비 현상이 왔다. 오한이 들며 매우 떨렸다. 간신히 온 힘을 모아 몸을 움직여 법당 마루에 그대로 쭉 엎드렸다. 다리가 당기고 손이 떨려 마치 신들린 사람이 된 듯했다. 혜안 스님을 불렀다. 온 힘을 다해 불렀는데도 밖에까지 들리지 않는지 기척이 없었다. '아, 그래. 이대로 부처님 앞에서 죽어버리자. 까짓것 언제고 한 번은 가야 하는 인생, 부처님 앞에서 울다 죽으면 그만큼 행복한 열반도 없겠지.' 그러기를 십여 분이나 흘렀을까. 조금씩 경련이 잦아들더니 정신이 돌아오기 시작했다. 몸을 조금씩 움직여보았다. 간신히 움직여지긴 했지만 정상이었다.

바닥을 보니 물을 부어놓은 듯 눈물로 흥건했다. 겨우겨우 몸을 추슬러 온 힘을 다해 일어났다. 그리고 마지막 삼배는 거의 통나무 쓰러지듯 했다. 그리고 부처님께 기원했다. '부처님, 이제 그만하실 거죠. 더 이상은 저도 견딜힘이 없어요. 오늘이 제 인생에 있어서 아픔의 정점이고 싶습니다.'

그대로 꿇어앉은 채, 말없이 빙그레 웃고 있는 부처님을 올려다보았다. 내 모든 아픔, 한, 통곡들을 다 알아주시기라도 하는 듯 눈가에 눈물이 괸 듯도 했다.

'그러면 됐습니다. 부처님, 저는 더 이상 바랄 게 없습니다. 앞으로 수행 정진하는 데 더 이상 몸만 아프지 않아도 정말 열심히 잘 살 겁니다. 약속할게요.'

비틀거리며 일어나 반배까지 겨우 마치고 다시 엉금엉금 기어 문 앞까지 나왔다. 혜안 스님이 마당 아래 말없이 서 있었다. 내 모든 통곡을 다 듣고 있었으리라.

손짓을 하니 얼른 올라왔다. 휴지를 찾으니 없어서 그냥 옷소

매에다가 눈물, 콧물로 범벅된 얼굴을 대충 닦았다. 무슨 말을
해야겠는데 입이 안 떨어졌다. 거의 탈진 상태였다. 혜안 스님이
후원으로 가서 물과 우유를 가져왔다. 우유를 하나 먹고 나니
기운이 조금 나는 듯했다. 힘없이 웃으며 "스님이 수자타네요.
탈진한 내게 우유를 공양 올리고……" 하니 혜안 스님이 "그럼,
스님은 도통할 일만 남았네요" 하며 맑게 웃었다. 참 고마웠다.
내게 그렇게 통곡할 시간을 주고, 또 중간에 끼어들어 말리질
않아서……. 통곡하는 삼십여 분 동안 나는 내 전 생애의 업장
과 한, 설움, 아픔을 모두 쏟아낸 듯한 기분이었다. 몸은 손가락
하나 가누기조차 힘들었어도 영혼은 날아갈 듯이 가벼워졌다.

　눈물은 영혼을 맑히는 샘물이라고 늘 말해왔는데 오늘에야
내 영혼에 끼어 있던 모든 흙먼지들을 통한의 눈물로 씻어낸
것 같았다. 지나온 삶을 온몸으로 참회하고, 지나온 삶의 아픔
들을 모두 털어놓고 나니 이렇게 맑은 기쁨이 그 빈 공간을 채
워주는구나 싶었다,

　아, 강진 백련사 나한전!

　이곳은 내가 처음으로 부처님 앞에서 대성통곡한 법당이다.
여기서 나는 삶의 전환점을 맞이하고 싶었고, 다시 새로운 몸
과 마음으로 출발하고 싶었다. 아직도 어색한 신발을 껴 신으며
혜안 스님 부축으로 나한전을 나섰다. 밖에서 다시 나한전을 올
려다보니 '응진당'이라고 현판이 쓰여 있었다.

　'진실로 응해주는 집'이라. 그래, 그래서 내 모든 것 부처님께

서 '다 들어주셨구나' 싶었다.

　주지스님 차를 타고 절을 나섰다. 천천히 가는데도 멀미가 나
려 했다. 도착한 곳은 '강진의료원', 강진에서는 제일 큰 병원이
다. 응급실에 가니 젊은 당직 의사가 내 증상을 듣고 도무지 이
해가 안 가는 표정이다. 일단 입원했다가 내과 과장님이 저녁에
라도 오면 그때 자세히 보자 했다.

　다행히 저녁쯤 담당의가 와서 내일 초음파, 내시경을 한번 해
보자고 한다. 저녁부터 아침까지 금식이다.

병원 입원

아침에 초음파검사를 했다. 한참을 검진하던 의사가 초음파 처음 해보냐고 하기에 그렇다고 했더니 간 쪽에 종양 비슷한 게 보이는데 정밀 검사를 해봐야겠다고 한다. 여기는 기계가 없어 내일 무안병원에서 하기로 했다. 그리고 위 내시경을 해보니 '역류성 식도염'으로 진단이 나왔다. 위산이 역류해서 식도를 상하게 한 모양이었다. 내시경으로 식도를 촬영한 것을 보니 도넛 모양처럼 빨갛게 탄 식도가 선명하게 보였다.

그런데 간은 그렇다 치고 왜 역류성 식도염이 걸렸을까? 가만히 생각해보니 선반에 머리를 부딪히고 상처 치료 차 연고를 바른 후 나타난 후유증을, 녹차를 많이 마시면 해독이 될 것 같은 단순한 생각에 공양도 제대로 하지 않으면서 집중적으로 마신 것이 원인이었다. 극도로 허약해져 있는 몸에 카페인이 많이 들어가니 식도의 근육이 이완돼서 역류성 식도염이 생긴 것이다. 그러니까 한마디로 카페인 중독이 된 것이었다.

세 달 정도 약을 먹으며 커피, 초콜릿 등 카페인 성분이나 지방질이 많은 것은 피하라고 한다. 내일 MRI 검사를 하니 또 굶어야 한다. 거의 닷새째 굶는 거다. 비는 오락가락하는데 주지스님이나 다들 걱정이 많은 눈치다. 내일 검사 때문에……

저녁에 목포 사형인 동준 스님이 들렀다. 바쁜 중에 시간 내어 와준 것이 고맙다.

또 한 번 허물 벗은 날

병원에 입원한 지 사흘째. 아홉 시에 병원을 나서 열 시경에 무안병원에 도착했다. 주지스님 차를 타고 간호사가 동행하여 무안병원 MRI 촬영실로 갔다. 가운으로 갈아입고 촬영실 침대에 올라가 누웠다. 에어컨을 틀어놓아 얼마나 추운지 누워 있지도 못할 지경이었다. 철커덕, 윙윙 하는 기계 소리는 또 얼마나 징그럽고 크게 들리던지…….

겨우겨우 호흡을 조절하며 간신히 촬영을 마쳤다. 안이 추우니 바람도 쐴 겸 밖에서 포행을 돌았다. 결과가 나오려면 사십 분 정도 기다려야 된다고 했다. 나는 계속 마당만 빙빙 돌았다. 어지러웠다. 머리도 어지럽고, 세상도 어지럽고, 내 삶도 어지럽고, 모든 게 어지러웠다.

그래도 계속 마당만 돌고 있는데 간호사가 촬영 봉투를 들어 보이며 불렀다. 차마 입이 떨어지질 않았다. 결과가 어떻게 나왔냐고……. 서로 아무 말 하지 않고 그냥 차에서 나오는 유행가 〈꽃바람 여인〉인가 뭔가에 화제를 집중시켰다.

목포에 있는 사형스님 절에 점심 약속이 되어 있어 그곳으로 갔다. 가는 도중에도 두 사람은 결과에 대한 이야기는 한마디도 안 해줬다. 점심을 먹는 둥 마는 둥 하고 사형스님도 함께 다시 강진의료원으로 왔다. 병실로 올라와 환자복으로 갈아입고 조용히 앉아 기도를 올렸다.

'부처님, 어떤 결과가 나오더라도 그 인연에 수순隨順하겠습니다.'

뒤따라 올라왔던 사형이 담당 의사 호출을 받아 내려갔다. 지금쯤 열심히 판독하며 진단을 내리고 있겠지. 과연 어떤 결과가 나왔을까. 조금 있으니 문이 벌컥 열리고 사형이 웃으며 들어왔다.

"아이고 스님, 축하합니다. 다시 살아났네요" 하며 손을 잡으며 기뻐한다. "그래요?"라며 나도 웃는데 모든 긴장과 불안이 한꺼번에 날아가는 듯했다. 곧이어 주지스님과 간호사도 올라왔다.

"한발 늦었네요. 내가 먼저 기쁜 소식 알려드리려 했는데" 하며 축하를 해준다.

잠시 후 담당 내과 과장이 와서 자세한 설명을 해줬다. 병명은 '혈관종血管腫'이라는 건데 일종의 혈관 기형이라고 했다. 그것이 더 이상 커지지만 않으면 사는 데는 별로 지장이 없다 한다. 일 년에 두세 번 주기적인 초음파검사를 해야 하는 게 부담이긴 하지만 그것은 아무것도 아니었다. 그러면서 간에 해로운 음식을 섭취하거나 스트레스 받지 말고 즐겁게 살라며 웃으며 나갔다.

"스님! 혹시 막판 뒤집기라고 들어봤습니까?" 느닷없이 주지스님이 물었다. "알지요" 했더니 내가 바로 그 경우라는 거다. 그제야 모든 걸 알게 되었다. 강진의료원에서 초음파검사할 때부터 다들 별로 기대를 하지 않았고, 무안병원에서 MRI 촬영할 때 두 사람은 사진에 선명하게 찍혀 나오는 커다란 종양을 보며 거의 포기한 상태였다는 거다. 무안병원에 동행했던 간호사가 주지스님께 별로 기대를 하지 않는 게 좋을 거라고 했다는 이야기를 들으니 얼마만큼 심각했는지 짐작이 갔다.

"스님, 참 운 좋소. 지금에야 하는 말이지만 내가 삼십여 시간 동안 얼마나 피를 말렸는지 아요?" 하며 주지스님이 또 한 번 웃었다. 고마웠다. 정진 대중이 아파서 병원에 온 것도 미안한데 이렇게 도반처럼 곁에서 아파하고 지켜주다니……. 암만 수계 도반이고 강원 선배지만, 예전에는 서로 친할 일이 거의 없었기에 더욱 고마웠다.

한바탕 축하 공연(?)이 끝나고 병실에 혼자 남으니 긴장이 탁 풀리며 온몸에 힘이 쭉 빠졌다. 그도 그럴 것이 병원 오기 전 사흘을 굶은 데다가 여기서 초음파다 내시경이다 하며 내내 굶었기 때문에 제대로 먹은 한 끼가 없어서이기도 했다.

아, 이젠 좀 쉬어야겠다.

무문관 선반에 머리를 부딪히고 지금까지 그야말로 너무 힘들게 지나왔다. 제대로 먹지도, 자지도 못하고…… 더 큰 손실은 정진을 제대로 못 했다는 거다. 몸 고생, 마음고생하며 또 다른 공부야 했겠지만 정작 아픈 순간에는 화두보다 관세음보살이 먼저 생각났다.

아, 어쩔 수 없는 속물 중생이여!

어찌됐건 나는 다시 살아났다. 내 삶에 있어 또 한 번의 큰 구비를 돈 것이며 더 아름다운 나비로 날기 위해 또 한 번의 허물을 벗은 거다. 며칠 굶은 뒤 저녁상을 받아놓고 나니 눈물이 핑 돌았다. '그래, 살아 있으니까 밥을 먹게 되는구나. 열심히 먹자. 그리고 또 다시 악착같이 살아내자.'

밥술에, 국물에 눈물이 범벅이 되며 눈물 밥을 먹었다. 그리고 하루가 지나갔다. 무섭도록 지루한 하루가…….

병원 단상

며칠째 입원 중이다. 태풍 '라마순' 영향으로 비바람이 거세게 몰아치고 있다. 병실 뒷산에 있는 사시나무가 곧 쓰러질 듯 흔들린다. 은수원 사시나무는 얼핏 보면 자작나무하고 많이 닮았다. 자작나무는 추운 지방이나 고산지대에 많이 사는데 사시나무는 버드나뭇과니까 습한 곳이나 들 쪽에 많이 사는 게 다르다. 품격으로 봐도 자작나무가 몇 수 위다. 눈이 가득히 쌓인 러시아 들판에 외로이 서 있는 자작나무들……

러시아 시인 미하일 레르몬토프의 시에 안나 게르만이 노래 부른 〈나 홀로 길을 가네〉가 생각난다. "브이 하류 아진야 나다 로구……"

나 홀로 길을 나선다.
안개 속으로 자갈길이 빛나고

밤은 고요하다
황야는 신에게 귀 기울이고
별들은 별들과 속삭인다.

　문득 영화 〈닥터 지바고〉가 생각난다. 지바고 집 근처에 있는
자작나무 숲과 그 아래 슬픈 듯이 바람에 흔들리던 노란 수선
화……. 나는 자작나무를 참 좋아한다. 깊은 산중에 홀로 고
귀한 듯 하얀 몸매를 드러내고 서 있는, 가을 산 금빛으로 물든
자작나무를 보고 있노라면, 나무의 귀족이라 부를 만큼 아름
답고 품위가 있어 보인다. 마치 세상 속에 있으면서도 결코 물
들지 않는 수행자를 연상시키기 때문이다. 언젠가 토굴이 생기
면 주변에 잔뜩 자작나무를 심어야지 하고 망상을 피운 적도
있다. 이제 살 만하니 노래도 흥얼거리고…….
　그래, 나도 역시 사람이었구나.

퇴원하는 날

퇴원하는 날이다. 아침 일찍 일어나 간단한 기도와 좌선 후 병실을 정리했다. 며칠 더 입원하라 했지만 혈액검사 결과 별 이상이 없다기에 그냥 퇴원하기로 했다. 입원한 지 꼭 열흘째. 삶의 끝 간 데까지 갔다가 돌아온 느낌이다. 그래, 다시 시작이다. 좀 더 열심히 치열한 삶을 살아야지…….

목포 사형스님 절에서 며칠 쉬다가 무문관에 들어가기로 해 주지스님이 목포까지 태워다 줬다. 절에서 점심을 같이 먹고 살구나무 아래서 담소를 나눴다.

사형 사제

포항에서 동춘 사형스님이 왔다. 동준 스님이 나도 아프고 하니 얼굴 한번 보자며 계속 독려해 못 이기는 체 왔다고 한다. 참 오랜만에 셋이 모였다. 1986년도에 계를 받았으니 십칠여 년 전이다. 월정사 행자실에서 같은 방을 쓰며 그 힘든 행자 시절을 서로 경책하고 탁마하며 지냈었지……. 수계는 같이 했지만 두 분 나이가 나보다 많아 사형 스님으로 모시고 있다. 삼십여 명이나 되는 사형 사제들 중에 그래도 우리 셋이 가장 잘 통하는 도반들이다.

보길도 소풍

오늘이 초사흘 정기 법회라고 자꾸 나더러 법문을 하란다. 몇 번 사양했으나 하는 수 없이 법문을 하게 됐다. 머리도 수염도 깎지 않은 텁수룩한 모습을 보더니 신도들도 좀 의아해하는 눈치였다.

그간의 일을 잠시 설명하고 무문관에서 정진하다 보면 이렇게 될 수도 있다며 농담을 했더니 한바탕 웃음이 번졌다.

'무엇이 소중한가'라는 주제로 법문을 했다. 무문관에서 지내며 경험했던, 평소 우리가 아무 생각 없이 누리고 있는 가족과 건강, 그리고 이웃과 환경들이 얼마나 소중한 것인가에 대해 법문을 했다. 시골 할머니들께서도 공감이 가는지 박수로 호응을 했다.

오후에 목포 사형이 "동은 스님 문병차 멀리서 동춘 사형스님도 오셨고 스님도 많이 좋아졌으니 오늘 특별 휴가 내서 바람이나 쐬고 옵시다" 해서 보길도甫吉島에 가기로 했다.

보길도 하면 옛날 도반과 만행길의 추억이 있던 곳이다.

여전히 능소화는 만개해 있고 무문관 정진할 때 그렇게 듣고 싶었던 예송리 바닷가 콩자갈이 파도에 밀려가는 소리도 좋았다. 세연정 연못에는 작은 연꽃들이 많이 피어있었다. 동준 스님은 무문관에서 고행한 모습이 보기 좋다며 자꾸 사진을 찍으셨다.

저녁 늦게 절에 돌아와 잠시 쉬었다가 혼자 법당에서 천천히 절을 했다. 그리고 밤늦게까지 사형제 세 명이 모여 이런저런 회포를 풀었다.

다시, 선방으로

아침에 목욕을 갔다. 다치고 나서 한 달 만에 샤워를 한 것이다. 아, 이 시원한 느낌. 포항 사형스님이 간다기에 배웅해드리고 나도 백련사로 돌아와 법당을 참배했다.

공양주 보살님은 "아이고 그 예쁜 스님이 어째 이렇게까지 아팠어요?" 하며 안타까워하며 반겨주었다. 저녁은 주지스님이 사준다고 해서 방파제 끝 쪽에서 조금 더 들어간 곳에 있는 송학식당에서 공양을 하고 저녁 늦게 무문관으로 돌아왔다. 짐을 1호실로 옮겨놓고 잠시 방에 앉아 생각에 잠겼다.

남들은 한 철 살기도, 방부 들이기도 힘든 곳인데 나는 한 철에 방을 두 곳이나 쓰니 두 철을 사는 셈이 된다. 이제 남은 반 철은 새로운 마음으로 새 방에서, 더 열심히 정진하는 것이 지금까지 아팠던 핑계로 게을리 했던 자신과 염려해준 모든 분들에게 보답하는 길이다.

짐을 대강 정리하니 밤 열두 시가 넘었다. 자리에 눕기 전 잠시 좌복에 앉아 화두를 들었다. 갑자기 머리 위쪽으로 허공이 뻥 뚫리면서 훤해지는 느낌이 한동안 지속됐다. 그러고는 몸이 깃털처럼 가벼워져서 붕 뜨는 느낌이 들었다. 화두가 성성했다. 몸은 힘들지만 마음은 말할 수 없이 맑고 투명해짐을 느꼈다.

첫 매미 소리

새벽. 요란한 매미 소리에 잠을 깼다. 첫 매미 소리를 결국 오늘에야 들은 거다.

오후 쉬는 시간에 운동도 할 겸 산책 삼아 수도암에 올라가 혜안 스님께 삭발을 부탁했다. 아직 머리 상처가 완전히 아물지 않았기 때문이다. 삭발을 하고 면도까지 마치니 혜안 스님은 갑자기 웬 미소년이 나타났냐며 호들갑이다. 큰절에서 나를 다들 '매력 있는 스님'이라고 부른다나? 그리 싫지는 않았다.

〈무문관에서 마주앉은 그대〉

연우煙雨가 내리고 있습니다.
팽팽했던 화두의 시위
잠시 늦추고

마음을 무문관 밖으로 옮겨봅니다.
지나던 바람이
후박나무 언저리에 잠시 머물렀다 갑니다.
마당 끝자락에 있는 풀잎이 가볍게 흔들립니다.

이 무한한 우주 공간 속에서
지금 이 순간
바람에 흔들리는 풀잎을 관하는 이 몸과
지나던 바람에 의해
흔들려야만 하는 풀잎과의
거대한 인연 고리에
마치 감전된 듯 몸서리가 쳐집니다.

첫 매미가 울던 오늘
몇 생을 돌고 돌다
사바세계 만덕산 자락에서
가부좌를 틀고 마주 앉은
자성불인 '그대'와 동은이란 '나'
'그대'이면서 또한 '나'인
우리의 이 숙세 인연은
또한 어떤 고리들과 맞물려 있을까요.
그리고 언제쯤이면

이 무명의 모진 업과業果

모두 털어버리고

얼싸안고 무생곡無生曲을 부를 날이 올까요.

또다시 바람 한 자락이

풀잎을 스칩니다.

멀리서 뻐꾸기가 애달프게 울어댑니다.

늦추었던 화두를

다시 시위에 올리고

주인공을 향해

팽팽하게 당겨봅니다.

저녁예불 시간 맑은 기운으로 좌복에 앉았다. 처음 걸망을 풀었던 방이라 그리 낯설지는 않다. 다만 3호실과 모든 게 방향이 반대인 것이 좀 서툴다. 곧 적응되겠지. 3호실에선 전망이 좋았는데 여기선 후박나무에 가려 바다가 사이사이로 보인다. 야경은 더 멋있어졌다. 먼 바다 쪽의 전망이 확보되면서 그쪽으로 화려한 불빛들이 경쟁이라도 하듯 밤을 밝힌다.

외식제연

요즘은 매미 소리에 잠을 깬다. 전에는 맑은 새소리가 새벽을 열곤 했는데……. 그 새들은 다 어디로 갔을까.

어제 저녁 늦게까지 정진했더니 몸이 뻐근하고 피곤하다. 새들도 계절에 따라 바뀐다. 봄에 그리 울어대던 뻐꾸기나 꿩 소리는 이제 들리지 않고 대신 '호로롱'새와 '삑삑'새가 그 자리를 차지했다. 울 때 '호로롱' 하며 울고, '삑삑' 하고 울어 내가 붙여 준 이름이다.

태풍이 지나가는지 바람이 꽤 심하다. 후박나무 잎들이 몸을 뒤집는 것만 보아도 바람의 세기를 짐작할 수 있다.

〈깨달음〉

거센 비바람이

온 대지를 집어삼킬 듯이 포효하고 있다.
태풍이 지나가고 있다.

굳게 잠긴 무문관
문살까지 뒤흔들며
방 안까지 자꾸만 넘겨다본다.

달마 사구게
'외식제연'이란 바로 이런 것일까?
문밖에서 아무리 비바람이 몰아쳐도
방문만 닫으면 고요하게 평안을 찾듯이
바깥 경계에 끄달릴 수 있는
온갖 인연들을
마음의 문을 닫음으로써
쉴 수가 있을까?

그리하면
마음의 헐떡거림이 없어져서
꿈에도 그리는
'깨달음'이란 것을 얻을 수 있을까?

앓고 난 후

부처님 말씀에 몸이 건강한 것이 가장 큰 행복이라 하셨으니 살아가는 동안 이 몸뚱아리가 그만큼 소중한 것이다. 이래저래 잔병치레를 많이 하는 나이지만 이번처럼 호되게 앓아본 적도 없다. 아직 완전히 회복한 건 아니지만, 그래도 많이 아팠던 때를 생각하면 지금은 감지덕지한 기분이다.

병이 없는 것이 가장 큰 은혜요,
만족을 아는 것이 가장 큰 재산이다.
친구의 제일은 믿음이요,
즐거움의 제일은 깨달음(열반)이니라.

나를 아는 사람들은 "도대체 안 아픈 데가 어디냐" 물어오기도 하지만, 나는 그래도 여전히 "안 아픈 데가 더 많다"라고 대답한다. 컵에 남은 물 반잔의 의미다.

나는 가끔 몸도 마음도 심하게 앓을 때가 있다. 그때 남들은 염려 어린 눈길로 지켜보지만 정작 나는 이제 그런 것을 즐기려고 애쓴다. 어차피 내가 감내해야 할 몫이라면 그 상황을 아프지만 즐겁게 보내야 하지 않겠는가. 그래서 그런 한들이 모이고 모여 큰 강을 이루면 그 아픈 영혼들의 불빛이 모이고 모여 밝은 깨달음의 등불을 밝힐 수만 있다면, 이까짓 몸 좀 아프고 마음에 상처 받는 게 대수랴.

정말 그렇다. 나는 지금도 매일 사시에 큰절 법당을 향해 가사를 수하고 삼배를 드리면서도 제불보살님께 얼마나 가슴으로 감사를 드리는지 모른다. 이렇게 무문관에서, 이렇게나마 정진할 수 있도록 가피를 주심에 대해서…….

입원했다가 퇴원하는 날의 그 싸한 바람한테 보내는 감사한 마음으로 늘 몸을 돌봐야 하지만, 그것이 참 어렵다. 이번에는 주기적으로 평생 몸을 체크해야 하는 병을 가졌으니 제대로 챙겨질라나 모르겠다. 체력은 법력이다. 열심히 갈고 닦아야지. 여태껏 별 관심을 가지지 않았더니 몸이 자기 좀 사랑하고 아껴달라고 보챈다. 그러니 그리 해줄 수밖에…….

미안하다, 몸아. 이제부턴 많이많이 사랑해줄게!

간밤에 해인사 강원 도반인 일선 스님 꿈을 꾸었다. 강원 4년 동안 바로 옆자리에서 정진하며 참으로 많은 대화를 나누며 탁마를 해준 고마운 도반이신데, 어디 아픈지, 아니면 한소식한 건지 안부가 궁금하다.

1호실에서는 노을이 조금 더 보인다.

다산초당 가는 산자락이 보일 정도니 바다가 가려진 만큼 노을이 보상해준 셈이다. 저녁 종소리가 울리고 새들도 둥지로 돌아가고 나면 매미들의 축제가 시작된다. 참, 그러고 보니 1호실로 옮기는 바람에 3호실에 자주 들렀던 친구 벌을 잃어버렸다. 지금도 가끔 오는지 모르겠다.

밤에 꿈이 있는 자

정진하다 보면 수마睡魔를 극복하는 일이 제일 힘들다. 오죽하면 '마귀 마魔' 자를 붙였을까. 해인사에서는 일 년에 두 번, 결제 기간 중에 강원 학인은 물론 종무소 소임자까지 사찰 운영에 꼭 필요한 인원과 환자를 제외하고는 선방 큰방에서 하는 용맹정진에 참석을 해야 했다. 이 기간에는 백련암白蓮庵에 계시던 성철性徹(1912~1993) 큰스님도 가끔 내려오셔서 큰방을 둘러보며 격려를 하곤 하셨다. 해인사 용맹정진은 규칙 또한 엄격하기로 유명하다. 일단 정진에 임한 대중은 입선 죽비 후 삼십분 이상 좌복을 비우면 무조건 걸망을 싸야 했다. 그러다 보니 인례스님이 따로 있어 잠깐 쉬는 시간에 어디로 사라졌다가 돌아오지 않는 스님들을 찾아다니기도 했다. 이런 상황과 정진에 익숙하지 않은 학인들이 수마를 이기지 못해 갖가지 해프닝을 일으키는 것은 당연한 일.

선방 스님들이야 늘 하는 정진이니 '프로'답게 꼿꼿하게 앉아 있는 모습이지만 제대로 기초도 배우지 못한 학인들은 정진은 뒷전이고 거의 졸음과 전쟁을 하는 그야말로 '참선'이 아닌 '잠선'을 하는 것이다. 정진을 시작하고 하루 이틀은 나름대로 기를 쓰며 정진을 하는 모습들이나 사흘을 넘기고부터는 이 수마 때문에 아주 애를 먹는다. 앉아서 졸다가 뒤로 꽈당 넘어지는 스님, 방선 죽비를 쳐도 듣지 못하고 계속 졸고 있는 스님, 졸고 있다가 경책 죽비를 어깨에 대도 졸지 않았다며 버티는 스님, 정진 중에 아예 편안한 자세로 바닥에 드러누워 좌복을 이불 삼아 잠을 청하며 심지어 잠꼬대까지 하는 스님, 예불을 하는데 가사가 아닌 좌복을 어깨에 두르며 펴려고 애쓰는 스님, 심지어 화장실에 가서 일을 보다가 그대로 앉아 조는 스님도 있다. 또 졸고 있는 사이에 업성이 드러나 전생이나 출가 전에 했던 동작들을 자기도 모르게 하고 있는 스님들도 가끔 있다.

우리가 '한의사'로 부르는 스님이 있었다. 그 스님은 정진하다 졸면서 한의원에서 하는 그 순서대로 동작을 하곤 했다. 먼저 처방전을 적는 시늉을 하고, 다음은 약 담을 종이를 나란히 깔고, 그 다음엔 한약을 고루고루 분배해서 담는 동작까지 흡사 진짜 한의원에서 약을 짓는 듯한 모습을 그대로 재현하고 있는 것이었다. 나도 장군죽비를 어깨에 메고 경책을 돌다가 그 스님 앞에만 가면 어쩌면 저리도 똑같이 재현할 수 있을까 하면서 감탄한 적이 한두 번이 아니다. 그만큼 이 수마란 놈은 우리의 잠재된 본성까지도 드러나게 만드는 수행자의 무서운 적이다.

학인 시절 지족암知足庵에 주석하고 계시던 일타日陀(1929~1999) 큰스님을 친견하러 간 적이 있었다. 마침 참선 지침서라 할 수 있는 《서장書狀》을 배우고 있던 터라 지리산 토굴 시절의 용맹정진이 떠오르면서, 선방 좌복이 선망의 대상이 되어 엉덩이가 들썩이던 시절이었다. 스님께 삼배를 올리고 가르침을 청했다. 스님께서는 이런저런 좋은 말씀을 해주시면서 정진 중에 가장 힘든 것이 수마를 극복하는 일이라 하셨다. 그리고 다음과 같은 게송을 일러주셨다.

밤에 꿈이 있는 자는 이곳에 들어오지 말고
입 속에 혀가 없는 자만 마땅히 머물라
夜有夢者不入 口無舌者當住

수행자가 꿈이 있다는 것은 번뇌 망상이 들끓고 있다는 증거다. 오매불망 화두를 들되 자면서까지도 화두를 챙겨야 하는 '몽중일여夢中一如'가 되어야 하는 것이다. 또한 수행자가 말이 많으면 그것 또한 화두를 놓치고 있는 것이다. 입속에 혀가 없는 듯이 말을 적게 하고 늘 내면을 관조해야만 비로소 수좌首座라 할 수 있을 것이다. 일타 스님께서 해주신 법문은 이후 참선 공부의 큰 지침이 되었다. 이곳 무문관은 오로지 혼자 수행하는 곳이다 보니, 자칫하면 안일과 타성에 젖어 수마와 친구하기 딱 좋은 환경이다. 혼자 독방에 갇혀 있으니 '구무설자당주'는 자연히 된 것인데 '야유몽자불입'의 경지는 아직 먼 것 같다.

옛날 고승들은 혼침昏沈에 빠지지 않기 위해 송곳으로 허벅지를 찔러가면서 좌선하였다는 기록이 많다. 혼침에 빠지면 의식이 몽롱하여 정신없고 주인 없는 좌선을 하는 것이기 때문에 이를 철저히 경계해야 하는 것이다. 경허 스님은 수마를 극복하기 위해 목에 칼을 받쳐놓고 정진을 하셨다고 했다.

나도 흉내나 내볼까 하고 과도를 찾았으나 보이질 않았다. 이 방에서는 과일을 깎아 먹을 일이 없으니 당연한 일. 걸망 속을 뒤져보니 원형으로 된 지압봉이 보였다. 지름이 두 마디 정도 되는 크기인데 마치 수반의 꽃꽂이 봉처럼 바늘 같은 침이 많이 꽂혀 있는 것이다. 평소 지압용으로 가지고 다니다가 선방에 갈 때면 졸음 방지용으로 머리 위에 올려놓고 정진하곤 했었다. 대중 선방에서 혼침이 극심할 때 머리 위에 올려놓으면 지압 효과로 머리가 시원할 뿐만 아니라 혹시라도 졸다가 떨어지면 그 소리에 대중들이 놀라니까 떨어뜨리지 않으려고 애를 쓰면서 수마 극복에도 도움이 되기 때문이다.

해태懈怠와 혼침 즉, 정신적 해이와 육체적 졸음에 대한 극복 방법은 사람마다 다르겠지만 나는 무상관無常觀을 하는 것이 도움이 된다. 이 육신에 대한 사무치는 무상감. 사대四大가 텅 비어 '나'라고 할 것이 없다는 무상감. 이 육신에 대한 무상한 마음이 가득 사무치면 절로 마음이 긴장이 되면서 화두가 순일하곤 했다. 한 치 앞을 내다보지 못하고 백 년을 살 것처럼 허덕이지만 죽음은 언제 나를 방문할지 모른다. 그러니까 지금 당장 저승사자가 나를 데리러 와도 한 치의 머뭇거림이나 후회함이 없이 자신 있게 따라갈 수 있겠느냐는 것이다. 그리하면 어찌 촌음寸陰을 방일放逸하겠는가.

어느 날 부처님께서 수행하다 졸고 있는 목갈라나에게 말씀하셨다.

"졸리운가, 목갈라나여?"

"네, 그렇습니다. 세존이시여."

"그러면 목갈라나여, 어떤 생각을 하다가 혼침이 그대를 덮쳤든지 간에 그 생각에 더 이상 주의를 팔지 말아야 하며, 그 생각에 머물지 말아야 하느니라. 그렇게 하면 혼침이 사라질 수 있느니라."

혼침, 이것은 부처님 당시부터 모든 수행자들을 괴롭히는 장애였다. 선종 초조 달마대사가 소림굴에서 구 년 동안 면벽面壁하실 때 하도 졸리니까 오죽하면 눈꺼풀을 아예 잘라버렸다고 할까. 전설이긴 하지만 그 눈꺼풀이 떨어진 자리에 차나무가 돋아났다고 한다. 수행자라면 그만큼 이 수마를 반드시 극복해야만 한다.

새벽노을이 참 좋다. 앓고 난 뒤 이렇게 새벽노을을 보니 감회가 새롭다. 다시 한번 자세를 가다듬고 호흡을 길게 내 보낸다.

'알 - 수 없는 이놈이 무엇인고?'

'이 뭣고?'

비 그친 저녁에

저녁예불 시간쯤 돼서 제법 많은 비가 내렸다. 저녁 종소리 속에 자욱이 내리는 비라 소리만 듣고 있어도 참 좋다. 비 오는 날 저녁에 울리는 종소리는 멀리 날아가질 못하고 숲으로 숲으로 걸어 들어간다. 그리고 나무며 풀들에 묻어 있는 빗방울들과 함께 땅속으로 스며들어 흙 속에 있는 중생들을 제도하고 더 깊은 곳에 있다는 지옥 중생까지 제도한다. 어쩌면 비가 올 때 만이 범종이 제 몫을 다하는지도 모른다. 이제 저녁 종소리도 그치고 비도 그쳤다.

가끔 우는 매미 소리만이 적막에 싸인 숲을 흔들지만, 숲은 미동도 하지 않고 자욱한 안개 속으로 빨려 들어간다. 이렇게 적막에 싸인 숲은 어떤 때는 경이롭기까지 하다.

아직도 비에 흠뻑 젖어 있는 저녁 숲은 어둠과 함께 점점 깊은 우수에 빠져들 것이다.

업과 윤회에 대해

적어놓고 보니 제목 한번 거창하다. 내가 무슨 불교학자도 아닌데 업業이니 윤회輪廻니 이야기한다는 자체가 참 우습기도 하다. 그러나 시장 한 귀퉁이 노점에서 상추 파는 할머니에게도 인생철학이 있듯이 내게도 나름대로의 윤회관이나 업에 대한 생각은 있다.

업이란 쉽게 말해 전생이나 현생에서 내가 지은 좋은 것(善)이나 나쁜 것(惡) 혹은 그 둘 다 아닌 무기無記를 일컫는다.

윤회란 그 업에 의해 사생육도四生六道 즉 태로 태어나는 것, 알로 태어나는 것, 습기에서 태어나는 것, 화생으로 태어나는 것의 태란습화胎卵濕化와 천상, 인간, 아수라, 아귀, 축생, 지옥의 육도로 끊임없이 바퀴처럼 돌며 몸을 받는 것을 말한다. 부처님이나 보살님들은 중생을 위해서 몸을 받는 '원력수생願力受生'이지만, 우리네 중생이야 자기 지은 업에 따라 몸을 받는 '업력수

生業力受生'이다. 그만큼 이 윤회의 사슬을 벗어나기는 어렵다.

스님들이 그렇게 고행을 하는 것도 궁극적으로는 끊임없이 나고 죽고 하는 이 윤회의 사슬을 벗고 해탈하여 대자유의 몸이 되기 위한 것이다. 그것이 상구보리上求菩提요 그 깨달음으로 중생들을 널리 교화하여 모든 중생들조차도 생사윤회를 벗어나게 인도하는 것이 하화중생下化衆生이니 이것이 바로 불교 존재의 근본 목적인 것이다.

나는 사실 중학교 시절부터 '운명론자'였다. '모든 사람의 운명은 과거의 업에 의해 이미 정해져 있다. 마치 극장에서 상영되는 영화의 시작과 끝이 정해져 있는 것과 같이 우리네 삶도 스스로 알 수는 없지만 영화처럼 미리 제작되어 있어 자신의 의지대로 고칠 수가 없다'라는 생각이었다.

그런 생각이 출가 전까지 이어졌는데 부처님 법을 만나고부터 그 생각이 바뀌었다. 굳이 이름 붙이자면 '의지론자'가 된 것이다. 자신의 의지(?)와 상관없이 과거의 업에 의해 태어난 것이 숙명이라면, 그 출발점이 바로 운명이란 영화를 제작하는 '레디고'라는 현실이다.

내가 우리 부모님의 아들로 태어난 것이 숙명이라면 출가해서 열심히 정진해 도를 이루는 것은 내 의지대로 모든 것을 선택해서 이루어나가는, 내 업의 소산인 운명이다. 농부의 아들로 태어난 것이 과거 업에 의해 이루어진 것이라면, 미래의 업은 현재의 내가 끊임없이 만들어가면 되는 것이다.

업의 힘이 강하게 작용하여 의지가 약해진 사람은 결국 업에 끌려가는 삶을 사는 것이 운명이고, 반대로 의지의 힘이 강한 사람은 업의 끌어당김이 약해져 결국 그의 의지에 의해 업의 열매도 바뀌게 된다. 그러므로 업과 운명은 의지에 의해 얼마든지 바뀔 수 있는 것이다.

내 나름대로의 운명이란, 즉 업이라는 인因과 의지라는 연緣이 만나는 점들로 이어지는 연속성인 과果라고 말할 수 있다. 즉 아주 능동적인 과정이다. 업에 의한 윤회가 얼마나 처절한 슬픔인지를 나타내는 시가 방금 생각났다. 이생진 님의 시집 《그리운 바다 성산포》에 나오는 시 〈사람이 꽃 되고〉이다.

꽃이 사람 된다면
바다는 서슴지 않고
물을 버리겠지.
물고기가 숲에 살고
산토끼도 물에 살고 싶다면
가죽을 훌훌 벗고
물에 뛰어들겠지.
그런데 태어난 대로
태어난 자리에서
산신에 빌다가 세월에 가고
수신에 빌다가 세월에 간다.

이 얼마나 멋진 비유인가. 불교식으로 얘기하자면 그들이 전생에 무엇이었는지는 모르나 아마 비슷한 몸일지도 모른다는 생각이다. 경전에 숱하게 나오는 '전생담'이 바로 사람 몸 받기가 그만큼 힘든 것을 얘기한 것이다. 그러니까 사람 몸 받았을 때 부디 사람 같은 행동하고 잘 살라는 얘기다. 그래야 다음 생에는 더 좋은 몸 받을 게 아닌가.

그럼, 윤회란 또 무엇인가. 나도 한때는 좋은 업을 많이 쌓으면 극락세계에서 아미타부처님이 데리러 오고, 못된 업을 쌓으면 지옥에서 저승사자가 와서 데려가는 줄 알았다. 그러나 이 생각은 송광사 율원에서 《성유식론成唯識論》을 공부하면서 바뀌었다. 비슷한 의미이긴 하지만 '주체'가 다르다. 《성유식론》에 보면 '중동분衆同分'이라는 낱말이 나온다. 요즘 말로 하면 '같은 무리끼리 모인다'는 뜻이니 한마디로 끼리끼리 모여 산다는 뜻이다. '끼리끼리', 참 좋은 말이다. 서로 마음이 맞는 사람끼리 모여 사니 얼마나 좋겠는가. 가족, 친척, 사회, 좋은 사람들은 좋아서 좋고, 악한 사람들은 나름대로 성향이 비슷해 좋고…….

내가 금생에 살면서 사람같이 행동하면 사람 몸을 받을 것이다. 사람으로 살면서 수행자 업을 쌓으면 수행자가 사는 곳에서 끼리끼리 모여 살 것이고, 음악을 많이 좋아하면 결국 음악 하는 사람들과 함께 어울릴 것이다. 또 어떤 사람이 짐승 같은 행동을 하며 산다면 그 업력에 끌려 저절로 축생계로 가서 그들과 어울릴 것이요, 아주 극악무도한 업을 지으면 지옥으로 가서 비슷한 무리들과 모여 살 것이다. 그런데 이 모든 주체가 바로 '나'란 것이다.

마치 백사장에 자석을 갖다 놓으면 쇳가루가 저절로 와서 달라붙듯이, 우리도 누가 와서 끌고 가는 것이 아니라 사생육도의 커다란 힘에 의해 내가 지은 바대로, 정확히 말하자면 내가 생전에 좋아하던 곳으로 그 '끌림'에 의해 스스로 찾아가는 것이다. 그러니까 불보살님들은 그 힘에 상관없이 자신의 의지대로 삶을 택해 보살행을 할 수 있는 것이고 우리 중생들은 그 업력에 의해 어쩔 수 없이 윤회의 고리를 벗어나지 못하는 것이다.

윤회가 결국 업에 의해 결정되는 것이니 매 순간 닥쳐오는 업의 선택을 잘 만들어갈 일이다. 늘 좋은 사람들과 영혼이 맑은 얘기를 나누고 선업을 쌓으며 마음을 극락세계 아미타부처님께 둔다면, 다음 생은 극락정토 아니면 더 좋은 인간 세상에 자리를 예약해둔 것과 같다.

해인사 팔만대장경각 법보전 주련에 '원각도량하처圓覺道場何處 현금생사즉시現今生死卽是'라는 글이 있다. '깨달음, 즉 행복이 어디 있느냐 하면 나고 죽고 하는 이곳이 바로 그곳'이라는 얘기다.

바로 지금, 이 마음이 중요하다.

'바로, 지금'이다!

한가로운 오후

신발 없는 방에 앉아
끝없이 조는 오후

꿈결인 양 들려오는
후두둑 비 오는 소리

어이쿠 신발 다 젖겠네
눈을 번쩍 떠보니

우수수 지나가는
후박나무 바람 소리

갈증

구도의 목마름은 어떻게 해소하나
정진하면 할수록 더욱
타들어가는 갈증, 이 갈증……
아!
온몸의 수분이 다 말라버리고
그 텅 빈 세포들에
화두의 생명수로
온통 다시 채워지면
그래서 이 몸 자체가
맑디맑은 샘물이 된다면
이 갈증은 식혀질까
그러면 이 무문관을
부수고 나가게 될까

좌복에 앉아서

오늘은

내 안의 부처가 너무 그리워

하루 종일 굶었다.

허기진 배는

화두를 꾹꾹 씹어 채웠다.

이 뭣고!

유월 보름

온 밤 화두와 씨름하며

좌복 위에서 버티다가

어둠을 깨우는 예불 종소리에

새벽이 옴을 알겠다

유월 보름달은 이미

서쪽으로 기울었고

밤 벌레 소리만이 요란한데

조사관 뚫으려는 무문관 송곳만이

가난한 내 살림살이를 온통 찢어놓는다

어제 모처럼 온종일, 그리고 밤새도록 정진했더니 많이 피곤하다. 오늘이 음력 유월 보름이니 해제가 꼭 한 달 남았다. 군대 있을 때 제대 말년 병장이 신병에게 아침마다 제대일 카운트다운을 시켰는데 갑자기 그 생각이 나서 혼자 웃었다. 삭발은 퇴원한 후 한 거라 아직 짧아서 다음 삭발 때까지 미루기로 했다. 아침공양 후 밀린 빨래도 하고 방 청소도 한 후 빨래 널어놓은 옆에서 한숨 자며 쉬었다.

장마가 끝났는지 모처럼 하늘이 구름 한 점 없이 개었다. 오랜만에 보는 파란 하늘이다. 오늘 같은 날 차라도 한잔 했으면 좋으련만 병원에서 카페인 성분 있는 것은 먹지 말라고 하니 아쉽다.

가만히 앉아 유리 밖을 내다보니 지나온 한 달이 꿈결인 양 아득하게 느껴진다. 참 힘든 한 달이었다.

선열

오랜 가뭄 끝
단 장마 사이
맑게 열린 하늘 아래
오후의 햇살이 따사롭다

후박나무 아래 바위 위에는
잠자리 한 마리 한가롭게 졸고 있고
숲 속 매미 소리는
법신法身의 장광설長廣舌이다

세상 모든 것들은
생명의 환희에 넘쳐 있고
사바에 존재하는 온갖 미물까지도

저마다의 삶에 최선을 다하고 있다

무문관 선실에서 맞는
오후의 이 평화로움
지금 이 순간 내게 필요한 것은
오직 좌복 하나와
불퇴전不退轉의 향상일구向上一句뿐

아!
가슴 저 밑에서 울려오는
영혼 가득 번져오는
이
벅찬
떨림
뜨락 후박나무 가지에
화두 잠시 걸어두었다

보름달이 참 밝다. 방 안까지 환하게 비추는 게 불을 밝혀놓
은 듯하다. 저번 달 보름달은 보질 못했는데 무문관 들어 두 번
째 보는 보름달이다. 구름 한 점 없이 갠 하늘에 달빛 기운이
가득가득 이슬 되어 숲에 내린다.

무문관 팔경

하안거夏安居 중 무문관 팔경八景

제1경 보름달이 휘영청 떠올라 강진만이 온통 금빛 물결로 반짝
     일 때.

제2경 어둠이 한 자락씩 옷을 벗기 시작하는 새벽, 온 숲을 흔
     들어 깨우는 새들의 합창.

제3경 해무가 깔린 새벽녘, 간척지가 사라진 강진만의 옛 모습
     건너 포구에서 깜박이는 불빛.

제4경 비 오는 날. 후박나무 잎에 떨어지는 사람의 영혼을 빨려
     들게 하는 빗소리.

제5경 강진만 물이 다 차올랐을 때 그림처럼 홀로 떠다니는 죽도.

제6경 음력 보름과 그믐 전후 강진만 갯벌이 썰물로 다 드러나
     마량 포구와 하나가 될 때.

제7경 후박나무 잎을 스치는 우수수 바람 소리 그리고 보석처

럼 빛나며 흔들리는 후박나무 잎들.

제8경 천관산 자락 위로 산 노을이 피어오를 때쯤 백련사에서
　　들리는 저녁 종소리.

무문관 마당의 소리들

• 무문관 앞 마당가 후박나무 잎을 흔들며 지나가는 바람소리

• 그 마당 끝에 피어 있던 이름 모를 꽃 한 송이 지는 소리

• 느지막한 저녁의 빈 마당에 어둠이 내리는 소리

• 망초 갓 피어난 마당을 눈부시도록 하는 햇살의 반짝이는 소리

• 보름날 저녁, 온 마당을 그리움으로 출렁이게 하는 푸른 달빛
　소리

• 멀리 바다에서 하얀 속살을 건져온 새벽안개들의 수줍은 속
　삭임 소리

• 간식으로 풀씨 먹으러 왔다 두 손 곱게 모으고 부르는 다람쥐
　의 노랫소리

• 천녀들이 흘린 눈물인가. 보석처럼 차곡차곡 쌓이는 새벽이슬
　소리

• 너른 풀밭을 그리워하며 신세 한탄하는 몇 무더기 자운영 꽃
　들의 푸념 소리

• 장마철. 내 깊은 의식의 강으로 흘러 들어오는 기왓골을 타고
　내리는 빗물 소리

• 님이 오시는가. 화두가 외출했다 돌아오시는가. 내 가슴을 두

드리는 저 낙숫물 소리

• 여우비도 안 오려나 목마름에 수척해진 토끼풀 꽃의 마른기
  침 소리

눈물
• 영원히 지지 않는 세월의 향기 짙은 꽃
• 영혼을 맑히는 샘물
• 가슴속 뜨거운 한을 분출하는 영혼의 마그마
• 꽃상여 지나간 보리밭 둑가에 가지런히 놓인 하얀 고무신 한
  켤레
• 시린 가슴 따뜻이 녹여주는 불빛
• 차마, 그대 앞에서 쓰러지는 물결
• 맑은 호숫가에 떠다니는 푸른 보석
• 송광사 비전 방 앞 석류나무에 떨어진 꽃 몇 개 올려놓고 떠
  난 첫사랑

외로움
• 자신의 인생을 물속 들여다보듯 하게 하는 영혼의 솔바람 소리
• 파도가 밀려와 모래의 살들을 쓸고 가는 것과 같은 아픔

지는 꽃에 대하여

모든 삶에는 꽃이 있다. 흔히 꽃이 없다고 '무화과無花果'로 부르는 나무도 알고 보면 열매 속으로 꽃이 핀다.

사람도 꽃다운 나이가 있고 지구도 꽃처럼 아름다운 시절이 있었을 것이다. 얼마 전 〈화양연화花樣年華〉라는 영화를 본 적이 있다. '여자의 가장 아름다운 한때, 혹은 인생에서 가장 아름답고 행복한 순간'이란 주석을 붙여두었는데, 아마 젊은 날 사랑하는 사람과 함께 있는 시간을 말하는 듯싶었다. 특히 남자 배우인 양조위梁朝偉가 연인을 그리워하다가 차마 잊지 못하고 앙코르와트의 오래된 사원 기둥의 돌구멍에 대고 고백을 한 후 흙으로 막아버리는 마지막 장면에서 가슴이 저려왔다. 그때 흘러나오던 미카엘 갈라소Michael Galasso의 첼로 선율……. 그렇게 영혼을 울리는 멋진 음악과 장면들에 반해 몇 번을 보고 또 봤는지…….

사람들은 누구나 화려하게 피어나는 꽃이 되고 싶어 한다. 하지만 세상에는 피는 꽃들만 있는 게 아니다. 지는 꽃도 있다. 화려했던 순간들과 뭇 시선들을 뒤로한 채 쓸쓸히 지는 꽃. 목련처럼 가장 화려하게 피었다가 철저히 비참하게 지는 꽃이 있는가 하면, 동백이나 석류, 능소화처럼 가장 아름답고 화려할 때 마치 자기를 꽃 피우게 해준 대지에 공양이라도 올리듯이, 온몸을 내던지며 장렬하게 떨어지는 꽃도 있다. 마치 선승이 열반할 때가 언제인가를 알고 훌쩍 몸을 바꾸는 것처럼 말이다.

가야 할 때가 언제인가를
분명히 알고 가는 이의
뒷모습은 얼마나 아름다운가

이형기, 〈낙화〉 중에서

오래전 가수 송창식 씨가 부른 〈선운사〉의 노랫말이다.

선운사에 가신 적이 있나요
바람 불어 설운 날에 말이에요
동백꽃을 보신 적이 있나요
눈물처럼 후두둑 지는 꽃 말이에요
나를 두고 가시려는 님아
선운사 동백꽃 숲으로 와요

떨어지는 꽃송이가 내 맘처럼 하도 슬퍼서
당신은 그만 당신은 그만 못 떠나실거예요
선운사에 가신 적이 있나요
눈물처럼 동백꽃 지는 그곳 말이에요

선운사 동백꽃에 관한 시가 또 있다. 내가 좋아하는 최영미 시인의 시 〈선운사에서〉인데 아마 선운사에 갔다가 처절하게 지는 동백꽃을 보고 시상이 떠올랐나 보다.

꽃이
피는 건 힘들어도
지는 건 잠깐이더군
골고루 쳐다볼 틈 없이
님 한번 생각할 틈 없이
아주 잠깐이더군

그대가 처음
내 속에 피어날 때처럼
잊는 것 또한 그렇게
순간이면 좋겠네

멀리서 웃는 그대여

산 넘어 가는 그대여

꽃이
지는 건 쉬워도
잊는 건 한참이더군
영영 한참이더군

　선운사 동백림이 여기 백련사처럼 천연기념물로 지정되기까지 했으니 유명하긴 한가 보다. 나는 이런 유의 꽃들을 좋아하는데 그중에서도 능소화를 아낀다.

　능소화는 한여름에 커다란 나팔꽃을 연상시키듯 주황색으로 아주 화려하게 핀다. 통도사 보광선원普光禪院 마당에 커다란 감나무가 있는데 이 감나무를 적당히 의지해서 타고 올라가 아침 하늘에 찬란하게 피어난 능소화는 아마 세상에서 제일 아름다운 꽃이라 해도 과언이 아닐 것이다.

　그 철에는 선방에 정진하면서 그 꽃이 너무 아름다워 대중들의 눈치를 무릅쓰고 열심히 사진을 찍어대곤 했었다. 그리고 땅끝마을에서 배를 타고 들어간 보길도 어느 민박집 담장 너머로 얼굴을 내밀고 환하게 웃던 능소화도 잊을 수 없다. 그땐 도반과 함께 만행 중이었는데 맑은 영혼 간직한 그 모습이 마치 능소화를 닮은 듯했다.

　지는 꽃이 서럽지 않은 게 어디 있으랴만 내게 가슴 아픈 추억의 꽃이 하나 있다. 바로 석류꽃이다.

십 년 전이던가. 그러니까 1992년 송광사 율원에 살 때다. 그때 내 방 앞에는 석류나무가 한 그루 있었다. 그해 여름, 결혼하여 떠나버렸던 첫사랑이 마치 이별의 낙관이라도 찍으려는 듯 찾아왔었다.

그녀는 송광사 객실에 며칠 머무르면서 도반 현진 스님과 함께 차도 마시고 변산반도에 구경 가서 낙조를 보고 돌아오기도 했다. 서울로 떠나는 날, 내 방으로 올라온 그녀 앞에서 왜 그리도 서럽게 눈물이 나던지……. 광주역에서 그녀를 보내고 돌아온 날 저녁. 석류나무 아래 무참하게 떨어져 내렸던 피눈물 같은 주황색 꽃들을 결코 잊지 못한다.

그리고 우연히 석류나무 가지를 보게 되었는데 가지 사이 움푹 팬 곳에 누군가 떨어진 석류꽃을 주워 일곱 송이나 올려놓고 갔다. 가만히 생각해보니 내 방 앞에서 서성이던 그녀가 한 것이었다. 좀체 내 앞에서 눈물을 안 보이던 그녀도 차마 가슴이 아파 석류꽃을 주워 나무에 올려놓고 이별의 눈물로 대신했나보다 하는 생각이 들자 더 가슴이 아려왔다. 그 석류꽃을 책상 위에 고이 올려놓고 말라비틀어질 때까지 바라보며 또 얼마나 가슴앓이를 했는지…….

석류꽃 하니까 또 생각나는 게 있다. 석류꽃은 다른 꽃과 달리 유난히 많이 떨어진다. 열매도 맺지 못하고……. 잘 살펴보면 석류나무는 피어나는 꽃들을 다 감당할 만큼 가지가 튼튼

하질 못하다. 그래서 더 크고 실한 열매를 얻기 위해 자신들을 내던지는 것이다. 고귀한 자비심이라고나 할까. 그렇게 져 내리는 석류꽃이 있기에 주먹만 한 석류가 몇 개씩 달려도 석류나무는 그 무게를 감당해내는 것이다.

모든 열매는 지는 꽃이 있기에 존재한다. 우리가 즐겨 먹는 과일이나 열매도 그것을 위해 아름답게 몸을 내던진 꽃송이들이 있기에 존재하는 것이다. 세상살이도 마찬가지다. 마치 지는 꽃이 있어야 열매가 맺히는 것처럼, 실패하고 좌절할 줄도 알아야 멋진 성공의 열매를 거둘 수 있는 것이다.

오늘 아침,
마당 한편에서 쓸쓸히,
그러나 간절하게 지고 있는 들꽃을 보며
긴 망상 한번 피워봤다.

모든 인연들에게

여기 앉아 있으니 고맙지 않은 것이 하나도 없다. 먼저 이 좋은 수행처에서 정진할 수 있도록 이끌어준 제불보살님과 무문관을 지어준 주지스님이 고맙다. 다음으로 큰절에서 무문관까지 정진 대중 다섯 명의 공양을 지게에 짊어지고 가파른 산길을 허덕이며 배달해주는 혜안 스님이 고맙다. 아마 신심과 체력이 받쳐주지 않으면 어림도 없을 것이다. 그리고 그 공양을 정성스레 지어 대중 스님네의 까다로운 성향에 맞춰 열다섯 개의 찬합에 담아주는 공양주 보살님이 고맙다. 조선족이라 우리네 식생활이 낯설 텐데도 신심 하나로 그 많은 대중 뒤치다꺼리를 다 해내신다.

그러고 나면 나를 중심으로 나 하나 목숨 살리느라 애쓰고 존재하는 모든 것들이 감사하다. 맛있는 쌀을 만들기 위해 농부들은 뙤약볕에서 얼마나 고생을 했으며, 그 쌀이 이곳까지 오게 하기 위해서 필요한 도구와 그것을 만들기 위한 노동자들의 땀은 또 얼마나 소중한가.

아, 집을 짓느라 파헤쳐진 땅 밑 중생들의 희생과 베어졌을 나무와 풀들……. 또 어느 숲에선가 잘려 왔을 기둥과 서까래들. 지붕에 얹은 기와는 어느 산기슭의 고운 흙들로 구워졌겠지. 그것들을 일일이 모아서 훌륭한 수행처로 만들어낸 목수와 와공들.

방 안을 돌아본다. 문을 바른 창호지는 얼마나 많은 닥나무들의 섬유질로 이루어졌으며 이 글을 쓰고 있는 공책, 그리고 방 안을 도배하기 위해 얼마나 많은 나무들이 잘려져 펄프로 만들어졌을까. 어둠을 밝혀주는 전기는 어느 댐에서 만들어져 얼마나 많은 전봇대를 거쳐 이 산중까지 달려왔으며, 대나무에 걸려 있는 가사는 또 얼마나 많은 누에들이 밤낮으로 뽑아낸 실들인가.

한 잔의 차를 만들기 위해서 이 물은 온 우주를 여행하다가 이 산자락에 내려앉았을 것이다. 또 찻잎은 얼마나 영롱한 새벽이슬을 머금고 자랐을까. 절할 때 돌리는 이 보리수 염주는 어느 도량에서 어느 스님의 원력으로 심어져 여기까지 왔으며 장차 이 포단을 의지하여 구경성불究竟成佛할 때까지 불퇴전할 좌복 안에는 얼마나 많은 목화솜들이 숨죽이며 나를 지켜보고 있을까.

늘 주위에 있었기 때문에 소중함을 느끼지 못했던 바람, 흙,

빗물, 들꽃들의 향기와 보드라운 느낌들은 얼마나 소중한 기억들이며, 누가 시키지 않아도 때맞춰 위문 공연을 다니는 새들과, 바람이 불거나 비가 올 때 '우수수' 소리 내며 내 마음 위로 해주는 후박나무는 또 얼마나 감사한가. 이 좁은 방 안에서 이 한 몸 위해 존재하는 온갖 물품들과 그들의 애씀은 또 얼마나 감사한 일인가. 서로 보이진 않지만 힘이 들 때 기운을 북돋아주는 옆방의 스님들은 얼마나 고마우며, 무문관 정진을 원만 성취하고 해제하기를 가슴으로 기도해주는 나의 좋은 인연들은 얼마나 감사한가.

그리고 제일 중요한, 나를 지금의 나로 존재케 하는 내 안의 숭고한 자성불과 그 빛을 잃지 않게 늘 밝은 길로 인도하는 제불보살님들과 옹호성중님들께 가슴으로 감사드린다.

아! 내 한 몸 '살려지게' 하기 위해서 이렇게 많은 인因과 연緣들이 얽혀 애쓰고 있구나. 오늘 이 시간. 이 공간에서 좌복에 앉아 있는 것이 이 모든 인연들에게, 모든 삶들에게 지극히 감사하기 위해 존재하는 것이구나.

새벽 도량석 목탁 소리를 들으며

또또또또 똑똑똑……. 낮게 시작해서 높은 음으로 마무리되는 새벽 도량석이 울릴 때쯤은 아직 밤중이다. 흔히 새벽예불이라고는 하나 보통 세 시에서 네 시쯤 이루어지니 예불이 끝나야 미명 속에서 새벽 숲이 서서히 눈을 비비고 깨어난다. 마치 도량석 목탁 소리에 아직 덜 깬 잠을 털어내며 부스스 눈 비비고 일어나는 스님들처럼…….

새벽예불 시간은 절마다 약간씩 차이가 있다. 보통 세 시에 하나, 해인사 선방처럼 두 시에 하는 곳도 있고, 이곳처럼 네 시에 하는 경우도 있다. 도시 한복판의 경우 소음 때문에 민원이 발생해 아예 다섯 시에 하는 곳도 가끔 볼 수 있다. 그래도 여긴 네 시에 예불을 하니 조금은 봐주는 셈이다.

가만히 울려 퍼지는 도량석 목탁 소리를 듣고 있으니 십칠 년 전 이맘때쯤 월정사에서 열심히 행자 생활하며 도량석 목탁을 치던 때가 생각난다. 월정사에는 노전爐殿스님이 계셨으나 자주 자리를 비워 걸핏하면 행자들이 도량석을 돌곤 했다.

그 노전스님은 좀 특이해서 자기가 도량석을 돌 때면 꼭 행자들을 줄 세워 합장한 채로 자기 뒤를 졸졸 따라다니게 했다. 그땐 당연히 그래야 하는가 보다 했다. 당시 행자들이 예닐곱 명 됐으니 지금도 가끔 '꽤 볼만했겠다' 하며 속으로 웃곤 한다. 월정사 도량석 목탁은 어찌나 큰지 한 손으로 도저히 들지를 못해 광목으로 끈을 달아 어깨에 멘 다음에야 겨우 들고 다닐 정도였는데 그 소리는 또 얼마나 컸겠는가. 똑, 똑 하는 정도가 아니라 텅, 텅 하며 온 산천을 흔들어 깨울 정도니 제아무리 깊은 잠에 빠져 있는 이도 안 일어날 수가 없었다.

게다가 잠이 깊은 스님 방 앞에서는 일부러 더 크게 목탁을 쳐서 그 방에서 불이 켜지는 걸 봐야 다른 곳으로 옮겨 가곤 했다. 그 스님은 주로 《천수경千手經》을 독경했는데 한 자씩 외며 한 번씩 치는 일자목탁이 아니라 한 구절씩 왼 다음 목탁을 한꺼번에 치는 칠자목탁을 주로 했다. 그런 것은 고수나 하는 도량석이고 행자들은 주로 쉬운 일자목탁을 했다.

어쩌다 내 차례가 오면 그 큰 목탁을 어깨에 둘러메고 새벽달이 걸린 팔각구층석탑 앞에서 법당 쪽을 향해 크게 목탁 올리며 삼배를 드렸는데, 나는 그때의 흥분된 순간을 잊지 못한다.

아직 아무도 일어나지 않은 산중에 제일 먼저 일어나 찬물에 세수하고 정성스러운 마음으로 도량 구석구석을 돌며 온 중생을 미명에서, 아니 무명에서 흔들어 깨우는 것이 어찌 떨리고 흥분되지 않으랴.

여기서도 가끔 휘파람새가 우는데 그 새벽 월정사에는 유난히 그 새가 많이 울었다. 스물여섯 청년이 세상의 온갖 삶을 정리하고, 오직 구도의 열정으로 삭발염의削髮染衣한 모습을 축하라도 하듯이……. 요즘도 어딜 가든지 휘파람새 소리만 들으면 이상하게도 도량석 돌던 월정사의 새벽이 구석구석 각인되어 있다가 하나씩 꿈틀거리며 깨어나곤 한다.

그 이듬해 정월 초하루였다. 계를 받고 만행하다 잠시 들른 월정사에서 나는 은사스님 시자 노릇을 하고 있었다. 그런데 세시 예불 시간도 아닌데 누가 도량석 목탁을 쳐대는 것이다. 모두 놀라 일어나 시계를 보니 두 시였고, 손전등을 들고 나가 그 사람을 확인해보니 주지스님이어서 더욱 놀랐다. 그것도 그 흔한 《천수경》도 아닌 《초발심자경문初發心自警文》을 줄줄 외며 쩌렁쩌렁한 목소리로 도량석을 하고 계셨다.

모두 영문도 모르고 그 뒤를 졸졸 따라다녔는데 예불이 끝나고 하시는 말씀이 "이상하게 생각할 것 없다. 원래 큰 산중의 정월 초하루 도량석은 암자보다 한 시간 빨리 하는 게 관례다. 그래야 암자들도 나름대로 사정에 따라 예불 시간을 조정할 수가 있지"라고 하셨다. 그 말씀을 듣고 보니 이치가 그런 것 같았다. 그날 이후 우리는 다 외우지 못한 《초발심자경문》을 외우느라 얼마나 진땀을 뺐는지 모른다. 나도 한두 번 도량송道場誦으로 《초발심자경문》을 시도했다가 중간 부분에서 자꾸 헷갈려 결국 포기한 적이 있다.

아, 그 새벽의 월정사 마당. 오대산 구석구석에 울려 퍼지며 내 영혼을 흔들어 깨우던 알람 시계였던 도량석 목탁 소리가 그립다. 자꾸 희미해져가는 그때의 기억만큼이나 내 초발심의 푸른 신심도 조금씩 퇴색되어가는 듯해 가슴이 많이 아프다.

이 새벽에.

식은 밥을 먹으며

나는 김이 모락모락 나는 따끈한 밥을 좋아한다. 누군들 막 지은 밥을 좋아하지 않겠냐마는 난 유난히 더 그렇다. 기름기가 자르르 흐르는 새 밥을 앞에 두고 있으면 김치 하나만 있어도 더 이상 바랄 게 없을 정도다.

만행 다니면서 들르는 단골 식당들은 대개 밥을 새로 해주는 곳이다. 서울 인사동의 '부산식당'은 내가 제일 많이 애용하는 곳이다. 밥을 주문하면 그때 짓기 시작하기 때문에 조금 늦게 나오는 게 흠이긴 한데 맛있는 밥을 기다리며 식당에 가득 찬 사람들 구경하는 재미도 있다.

식기도 옛날 스테인리스인데 수북한 공깃밥 위엔 늘 강낭콩 서너 개가 올라가 있다. 밥공기 주변에는 늘 밥풀이 몇 개씩 붙어 있다. 마치 어릴 적 할머니가 가마솥에서 밥을 퍼주며 몇 알 붙여놓으신 밥풀을 떼어 먹는 것 같아 그것 또한 매력이다.

어쩌다 괜찮아 보이는 식당에 들어갔는데 밥에서 냄새가 나는 묵은 밥이 나오면 그만 식욕이 떨어져 먹는 둥 마는 둥 하고 나와버린다. 아마 오랜 객지 생활에다 출가해서까지 식은 밥을 죽 먹듯 하니 은연중에 따뜻한 밥을 그리워하는 모양이다.

스님들은 평생 식은 밥을 먹고 살 운명이다. 대중처소에 있으면 반드시 발우공양鉢盂供養을 하게 마련인데, 그 공양의 특성상 항상 식은 밥을 먹을 수밖에 없기 때문이다. 공양간에서 뜨거운 밥을 지어 올려도 방에 들어와서 《소심경小心經》을 외며 밥과 국과 찬을 발우에 담아 먹게 될 때까지 절차가 여간 복잡하고 까다로운 게 아니다. 하여간 실제 밥 먹는 시간은 오 분에서 십 분 정도인데 전체 공양 시간은 사십 분 정도 된다. 그러니 겨울에는 특히 모든 음식이 거의 식어 있을 수밖에 없다. 행자 시절 큰방 스님들이 따뜻한 밥을 맛있게 드시라고 공양하는 가마솥에 불을 때며 "옴 고슬고슬 반지르르 맛나맛나 사바하"라는 '정반 진언'을 열심히 외던 기억이 새롭다.

이곳 무문관에서는 늘 식은 밥을 먹는다. 따뜻이 데워 먹는 전자레인지가 있긴 한데 국만 데워 먹을 뿐 밥은 식은 밥을 그냥 먹는다. 전자레인지에 데우면 금방은 따끈하나 몇 숟갈 뜨다 보면 딱딱해져 먹지를 못할 정도가 된다. 그럴 바엔 차라리 식은 밥이 낫다. 그래도 한쪽 구석에 있는 겨울 이불 속에 묻어두면 아주 찬 기운은 면할 수 있다.

오늘 저녁에는 밥을 먹다 괜스레 목이 메어와 잠시 쉬었다가

마저 먹었다. 밥도 완전히 식어 있고 찬 통에 한두 개씩 남아 있는 반찬 조각들을 보니 그냥 까닭 모를 설움이 복받친 것 같다. 그러나 어쩌랴. 누가 오라고 해서 온 길도 아니요, 가라고 해서 가는 길도 아니다. 오직 내가 선택해서 식은 밥 먹기를 원한 삶이다. 다만 지금 이렇게 앉아서 공양을 받아먹는 것만으로도 그 은혜가 감사하기 이를 데 없다.

이 식은 밥마저 얻어먹지 못해 굶어 죽는 중생들이 얼마나 많은데……. 정말 세상 사람들이 모두 밥이라도 따뜻하게 걱정 없이 먹고 사는 세상이 왔으면 좋겠다.

왜 무문관을 택하는가

요즘은 스님들도 마음만 먹으면 얼마든지 바깥세상에서 물질문명의 혜택을 누릴 수 있고 대중 선방에 가면 편하게(?) 정진할 수도 있다. 그런데, 스스로를 문살 안에 가두어놓고 고통을 자초하는 수좌들의 내면에는 과연 무엇이 꿈틀거리고 있을까. 무엇이 그들을 무문관으로 강하게 이끄는 것일까?

창살 안으로 남이 억지로 밀어 넣으면 속박의 형벌이 되고, 스스로 갇히기를 원하면 '구원'이고 '해탈'이다. 갇히는 건 똑같은데 의미는 극과 극이다. 그들은 밖에서 잠가버린 방 안에서 감당해내야 할 그 처절한 고독을 온몸으로 맞이할 준비를 한 사람들이다. 스스로 독방 감옥 속에 '갇힘'을 부탁한 것이다. 성불에 대한 의지가 누구보다 강한 신념으로 똘똘 뭉친 수좌라야, 그것도 방부의 행운이 따라주어야만 겨우 이 독방 감옥에서 한 철 지낼 수 있는 것이다.

작년에 아는 수녀님과 경기도에 있는 여자 봉쇄 수도원인 깔멜수도원에서 하루를 묵은 적이 있다. 면회소에서 만난 창살 너머의 해맑게 웃던 수녀님들도 믿음에 따른 숭고한 목적이 있겠지만 의미는 비슷할 거라 생각했다.

무문관을 택한 수좌들이 주어진 독방 속에서 무엇을 하는지는 아무도 모른다. 오직 자신과의 처절한 싸움만이 존재할 뿐인 그 냉혹한 공간에서, 화두와 사투를 하든 머리를 식히며 한 철을 뒹굴든 그건 그들의 자유다. 그러나 오직 그 속에서 묵언과 정진으로 한 철 혹은 몇 년을 버텨낸다는 것만으로도 그들은 존경받아 마땅하다.

댓돌과 신발이 없는 집

벌써 8월의 첫날이다. 방 안에 들어온 개미를 문틈 아래로 내보내고 무심코 보니 당연히 있어야 할 댓돌과 신발이 없다. 여태 아무 생각 없이 지냈는데 사람이 산다면 당연히 있어야 할 것이 없는 것이다. 한옥은 구조상 문턱이 높기 때문에 댓돌이 꼭 필요하다. 그런데 그 댓돌도, 사람이 살고는 있으나 신발까지 없다.

집은 있으되 댓돌과 신발이 없다는 것은 빈집이라는 의미다. 그러니 이곳 무문관은 빈집으로 간주된다. 아예 한 철은 사바 세계에서 없어진 셈 치고 철저히 정진하라는 의미다.

한번 들어가면 다시 나오는 날까지 신발 신을 일이 없으니 '지금 이 방에 들어가면 깨치기 전까지는 결코 나오지 않겠다.' 즉 '깨치지 못하면 살아서는 이 신발을 다시 신지 않겠다'라는 처절한 구도의 상징이다.

내가 계를 받고 얼마 되지 않아 만행 다닐 적에 어느 암자에 들른 적이 있는데, 그곳에서 입구에 'X' 자로 각목을 대 방 하나를 아예 폐쇄시켜 놓은 걸 본 적이 있다. 못 쓰는 방인가 하고 물어보니 어느 스님이 삼 년째 무문관 정진 중이라는 얘기를 듣고 충격 받은 일이 있다.

지금은 그렇게까지 하는 곳은 없으나 이 말법未法 시대에 이런 형태의 무문관이라도 존재한다는 것이 가상하다.

무문관!
오직 한소식!

부모님 몸 받아 태어나기 전 그 한 물건의 실상을 찾기 위해 오늘도 전국의 몇 십 명 무문관 대중들이 빈집 아닌 빈집에서, 댓돌과 신발이 필요 없는 집에서 이렇게들 벽만 쳐다보고 앉아 있다. 빈집에 앉아 끊임없이 번뇌 망상을 비우다 보면 언젠가 한소식 할 날도 오겠지. 그땐 다시 '사람 사는 집'으로 돌아가 그 소식 전할 날이 오겠지.

과적과 과로

한동안 굴착기 소리로 요란하더니 이제는 무엇을 실어 나르는지 트럭 엔진 소리가 온 산을 뒤흔든다. 그중 어떤 트럭은 짐을 얼마나 실었는지 죽는다고 비명을 지르며 올라오는 것 같다. 트럭도 자기가 감당할 만한 짐을 실어야 차도 상하지 않고 도로나 교량도 보호가 된다. 과적한 트럭 한 대가 지나가면서 파손하는 도로가 승용차 몇 천 대가 지나가는 것과 맞먹는다고 하니 그 피해가 어느 정도인지 짐작이 간다.

감당할 수 없는 무게의 짐을 실으면 차가 상하듯이 사람도 마찬가지다. 자신이 해내기 힘든 것을 무리해서 하는 것이 과로過勞다. 그러다 보니 스트레스가 쌓이고 이것은 곧 만병의 근원이 되고 있다. 날로 무한 경쟁이 치열해지는 세상에서 남보다 조금이라도 더 앞서 가야만 한다는 강박관념, 이것이 과로를 불러오고 결국은 건강까지 심각하게 위협하는 것이다.

과로는 자신의 영혼에 과적過積을 한 것과 같다. 비만은 육체에만 있는 게 아니다. 육체의 비만이야 열심히 운동해서 빼면 되지만, 영혼의 비만은 육체보다 감량하기가 상당히 힘들다. 왜 영혼에 비만이 오는가. 받기만 하고 되돌려주는 게 없으니 그 속이 자꾸만 꽉 차는 것이다. 이것도 내 것, 저것도 내 것. 모두가 갖고 싶은 것만 있고 사랑도 더 많이 받고만 싶으니 그 모든 게 다 어디로 가겠는가.

결국 '욕망'이라는 트럭에 잔뜩 짐을 싣게 되고, 영혼이 고통 속에서 몸부림치다가 마침내 '내출혈'을 일으키게 되는 것이다. 육체의 '뇌출혈'만 무서운 게 아니다. 영혼의 '내출혈'이 더 무섭다. 예방은 간단하다. 비우면 된다. 받는 것을 그대로 모아두지 말고 더 많이 베풀고 살면 영혼도 가벼워지고 따라서 몸도 가벼워진다.

자신의 몸과 영혼이 감당할 수 있을 만큼의 짐을 싣자. 그리고 비워내고 주는 삶을 살자.

사는 것과 살려지는 것

오늘도 아침공양 시간에 혜안 스님이 무문관 대중들의 공양을 짊어지고 올라온다. 여름도 고비를 향해 치닫고 있는 요즘, 미안하고 고마운 마음에 어떤 때는 게으름을 피우다가도 그만 다시 좌복에 앉고 만다. 오직 공부한다는 핑계로 앉아 있는 나를 위해 저렇게 생면부지의 스님이 공양을 져 올리는 것이다.

방 뒤쪽에 있는, 겨우 밥통이나 들어올 수 있는 크기의 공양문을 나는 '생명문'이라 한다. 거기로 밥이 들어오지 않으면 나는 죽은 목숨이다. 한마디로 내가 '살고 있는 것'이 아니라 누군가에 의해 '살려지고 있는 것'이다.

내가 아무리 살고 싶어 발버둥 쳐도 큰절에서 올라오는 물길이 끊기고, 밥마저 끊기면 나는 죽을 날만 기다리는 '갇혀 있는' 동물에 불과하다. 사는 것과 살려지는 것은 얼핏 보면 비슷한 것 같다. 하지만 원시 이래로 사람을 비롯한 모든 동식물이 결코 혼자서는 존재할 수 없었다는 사실을 생각해보면 그 차이가 보일 것이다. 한 개인은 누군가를 살아 있게 하였고, 그 또한 누군가의 도움으로 살려져 온 것이다. 나만 해도 이 한 몸 살려내겠다고 큰절의 공양주를 비롯한 외호 대중들이 애쓰고 있으며, 방 안의 갖가지 생활 도구들도 또한 모두 나를 '살리기' 위해 존재하는 것이다. 이 한 몸, 숨 이어나가게 하기 위해 누군가는 한여름 뙤약볕 아래 논밭에서 곡식을 길러 밥상에 올려야 하고 누군가는 힘들고 더럽고 위험한 일을 몸으로 하며 제품을 만들어내야 한다.

사람들이 모두 '내가 살고 있다'는 생각을 가지고 있으면 '나'만 존재하는 이기주의 세상이 된다. '살려지는' 마음은 배려하는 마음이다. 감사하는 마음이고 회향하는 마음이다. 오늘도 '나'를 이렇게 존재케 해주신 모든 인연들에게 감사하는 마음. 또한 '나' 자신도 그 모든 인연들을 위해 회향하는 마음. '내'가 잘나 '사는' 세상이 아니라 서로를 '살려지게' 하는 마음들이 사바에 가득할 때 비로소 우리가 지향하는 불국토佛國土는 이루어지지 않을까.

무엇이 소중한가

점심공양 후 날씨가 하도 좋아 유리를 가렸던 한지를 조금 걷어냈다. 그래 봐야 아주 작은 면적에 불과하지만 어쨌든 무엇이 막지 않는, 있는 그대로를 볼 수 있다는 것이 또 하나의 감동을 준다.

자주 밖을 보게 되면 눈도 시원하고 답답함도 덜하겠지만 공부에는 별 도움이 안 되고 망상만 더할 뿐이어서 가끔 이런 사치를 부린다. 그렇다. 목이 말라봐야 물 귀한 줄을 알고 눈물 젖은 빵을 먹어봐야 삶의 깊이를 안다. 온통 막혀 있는 공간에서 잘려 나가는 부분이 더 많은 유리창 밖의 조그만 모습이지만, 이렇게 감동을 주는 것이다. 우리는 너무 많은 것을 잊고 산다.

눈으로 보고, 귀로 듣고, 코로 냄새 맡고, 혀로 맛보고, 몸으로 체험하고, 마음으로 느끼는 모든 것을 지극히 당연한 것이라 생각하기 때문이다. 우리가 늘 마시는 공기는 어떠하며 부족함이 없이 마시고 흘려보내는 물은 또 어떠한가. 가장 소중한 것은 그 존재가 너무 커서 우리가 보질 못하고, 그래서 인식도 못하는 것이다. 아무것도 보이지 않는 지하 좁은 감방에 사람을 가두면 아무리 훌륭한 음식을 넣어준다 해도 얼마 살지 못하고 죽을 것이다. 아무것도 할 수 없는 공간에 갇혀 있다는 중압감이 사람을 결국 미치게 하고 죽음으로까지 몰아가는 것이다.

작년 이맘때쯤 목이 갑자기 아파 병원에 열흘 정도 입원한 적이 있었다. 꽉 막힌 병실, 매일 반복되는 투약과 치료, 별 차도가 없는 병세, 빌딩 숲에 가려진 삭막한 창밖 모습들……. 나는 결국 원장의 만류를 뿌리치고 퇴원을 하고 말았다. 그리고 제일 먼저 깊은 산속으로 달려가 맨발로 땅을 밟으면서 실컷 걷고 또 걸었다.

아마 그때 그렇게 하지 않았으면 몸의 병보다 마음의 병이 더 커졌을지도 모를 일이었다. 그만큼 사람에게 있어 트인 공간에서 자신이 가고 싶은 곳으로 걸어갈 수 있고, 만나고 싶은 사람을 만날 수 있다는 것은 아주 소중한 복이다.

전에 만행 다니면서 삶이 힘겨워지고 신심이 퇴굴하면 병원 응급실에 들러보곤 했다. 그곳은 사람 사는 곳이 아니었다. 성한 사람이 없는 그곳에서 두 발로 서 있는 자신이 부끄럽고 죄송할 뿐이었다. 병원 문을 나서면서 머리에 한 줄기 바람이 지나갔다. '뭐? 사는 게 힘들다고? 공부가 하기 싫다고? 사는 게 장난인 줄 아느냐?' 그러고 나면 한동안 또 열심히 살아갈 기운을 충전하곤 했다.

삶의 목표를, 인생의 가치를 어디에 두느냐에 따라 성공한 삶을 살 수도 있고, 불행한 삶을 살 수도 있다.

내가 아무 생각 없이 앞만 보고 지나쳐온 그 자리에서 한 생명이 나의 도움을 받지 못해 죽어갔는지도 모른다. 가장 소중한 것은 저 멀리서 반짝이는 별이 아니라 바로 지금 내 옆에서, 내 삶의 한 부분을 차지하고 있는 사람이고 내 주위에 있는 모든 것들이다.

사는 게 바쁘고 지쳐 가족도 잊고 도반도 잊고 선지식 찾는 것도 잊고 산다. 그리고 나를 살려지게 하는, 나를 감싸고 있는 온갖 기운들도 잊고 산다. 가끔이라도 그들을 생각하자. 가슴 깊이 그들의 존재를 감사하자. 그리고 지금 할 수 있는 것, 누릴 수 있는 모든 것들과 소중한 모든 것들에게 정말 감사하며 살자.

단주를 돌리며

포행을 하거나 혹은 의자에 앉아 쉴 때 주로 단주短珠를 돌린다. 흔히 손목에 끼는 것은 '합장주'라 하고 손으로 돌리는 것을 '단주'라 한다. 내가 갖고 있는 단주는 해인사 선방에 살 때 선배 스님이 선물한 건데 알이 호두만 한 크기이며 열 개로 되어 있다. 재질은 소나무 옹이, 즉 송진 덩이가 뭉친 '관솔'로 만든 것이다.

오늘도 방 안 온도가 34~35도를 넘는지라 의자에 앉아 쉬면서 무심코 가야산의 시원한 솔바람이 그리워 단주를 귀에 갖다 대어보았다. 그런데 정말 거기에서 울창한 가야산의 솔바람 소리가 쏴아 하며 불어오는 듯했다. 그리고 솔 향이 그리워 코에도 갖다 댔다. 그리고 숨을 깊이 들이마셨다. 아, 진한 소나무 내음. 너무 감격해서 찬찬히 단주를 살펴보았다. 송진 덩이로 만든 거라 작긴 해도 나이테가 아주 촘촘히, 그리고 아름답게 새겨져 있었다. 꼼꼼하게 세어보니 거의 오십 년씩 된 옹이로 만든 거였다. 아아, 수십 년 된 소나무 나이테 하나하나에서 비바람 눈보라를 견뎌낸 그 장한 기운들이 막 뿜어 나오는 듯했다.

그래. 가야산 어느 자락에서 고사목으로 있다가 내게까지 인연이 됐는지 모르지만 이번 철은 네 덕에 답답한 무문관이 아주 시원한, 그리고 향긋한 가야산 솔숲으로 바뀌었구나.

단주야, 정말 고맙다!

모기 단상

나는 모기를 싫어한다. 모기 좋아하는 사람은 없겠지만 자다가 모기 한 마리라도 앵앵거리면 밤새 잠을 설치기 일쑤다. 그렇게 목숨 걸고 식사하러 온 모기 심정이야 백번 이해는 하지만 내 말은 왜 남을 괴롭히냐, 이거다. 따갑고 가렵지만 않아도 '그냥 피 좀 보시지, 뭐' 할 텐데 나같이 피부가 약한 사람은 벌겋게 부어올라 상처가 덧나기 일쑤다. 싫어하는 게 또 있다. 모기하고 비슷한 벌이다. 벌이야 자기 생명에 위협을 느낄 때 쏘니까 내 잘못도 있지만, 침을 가지고 남을 찌른다는 것은 같다.

그러고 보니 나는 유난히 찔리는 걸 싫어한다. 주사 맞는 것도 그렇고, 한의원에서 침 맞는 것도 싫다. 이 모두의 공통분모는 침으로 남의 살을 찔러 아프게 한다는 것이다.

나는 참 조심해서 살려고 애를 쓴다. 혹시라도 내가 잘못해서 남의 가슴에 상처라도 내 아프게 하지나 않을까 하고. 어쩌다가 본의 아니게 그런 일이 일어나면 나는 오랫동안 내가 더 괴로워하고 마음 아파한다.

살면서 좋은 일만 있을 수는 없다. 그러나 서로 위로하고 감싸주고 사랑하며 살아도 부족한 인생인데 뭣 하러 그리도 인상 찌푸리며 영혼에 못을 박아 평생을 아픈 상처를 부여안고 살 것인가.

모처럼 하늘이 맑게 개었다. 삶에 이리저리 흔들리고 부대낀 내 지친 영혼을 오늘은 푸른 하늘에 내다 말리고 싶다. 그리고 살아오면서 알게 모르게 가슴 아프게 한 모든 사람들에게 그 깨끗해진 영혼으로 참회하고 싶다!

발을 쳐놓고

한낮에 햇빛이 눈부실 때는 차광용으로 발을 친다. 그러면 눈이 좀 시원해진다. 여기서는 발이, 안을 안 보이게 하는 것이 아니라 보온용이나 차광용으로 주로 쓰인다. 문을 열 일이 없고 볼 사람이 없으니 본래 용도하곤 상관없는 것이다.

내가 가장 많이 쓰는 용도는 창호지 대용이다. 원래는 문살에 창호지가 붙어 있었으나 유난히 맑은 공기를 좋아하는 성격이라 모두 걷어내고 방충망만 남겨놓았었다. 여름이니 그리 추울 것 같지도 않고 해서. 그런데 밤이 되면 약간 쌀쌀하다. 걷어낸 종이를 붙일 수도 없고 해서 플라스틱으로 촘촘히 짜진 발을 내리니 창호지 대용으로 그만이었다. 그것도 필요한 양만큼 맘대로 조절까지 할 수 있으니 얼마나 좋은가. 아마 다른 방도 비슷한 용도인지 발 올렸다 내렸다 하는 소리만 들어도 자려는지 짐작할 수 있다.

그런데 이 발이란 게 알고 보면 속성이 좀 그렇다. 안에서는 밖이 다 보이는데 밖에서는 안을 볼 수 없는 것이다. 세상에도 발 같은 속성을 가진 사람이 있다. 자기는 안으로 모든 것을 감춰놓고 보여주지 않으면서, 밖으로는 다 내다보고 있는 것이다. 한마디로 이기주의자다.

우리는 자신을 있는 그대로 드러내 보이는 사람을 신뢰한다. 말하는 속셈이 뭔지를 알지 못할 때 우리는 그를 신뢰할 수 없다. 자신의 부족함, 뒤떨어짐, 잘못을 그대로 직시하고 깨끗이 드러내고 그 비참함까지 감내하면서 자기 자신을 바로 보고, 다시 분투하는 용기를 가진 사람을 신뢰하는 것이다.

나는 단순해서인지 사람 말을 그대로 잘 믿는다. 그래서 낭패를 본 적도 몇 번 있지만, 그래도 나는 그게 좋다. 마음과 마음 사이에 처진 발을 모두 걷어내자. 그리고 투명한 영혼으로 서로를 맑게 바라보자.

면벽과 대좌

해인사 학인 시절이었다. 학인들은 의무적으로 일 년에 두 차례 선방에서 실시하는 일주일 용맹정진에 참석해야 했다. 처음으로 보경당에서 삼천배를 하고 백련암 성철 큰스님께 화두를 타러 가니 '마삼근麻三斤'이란 화두를 주셨다. 그리고 대단한 각오로 난생처음 선방이란 곳을 갔는데 방이 축구를 해도 될 만큼 커 보였다.

주눅이 들어 자리를 배정받고 앉아보니 상하판이 서로 마주 보고 앉는 게 아닌가. 그때까지만 해도 참선은 벽을 쳐다보고 하는 것이라고 알고 있었는데 하늘같은 상판스님들이 앞에서 딱 노려보고 있으니 이렇게 난감할 수가……. 졸 생각은 꿈도 꾸지 말자고 다짐하며 온 힘을 눈동자에 쏟아 넣고 허리를 있는 대로 꼿꼿이 세우던 기억이 지금도 생생하다.

그 후 강원을 졸업하고 송광사 율원을 졸업한 후 해인사 선방에 첫 철 방부를 들였다. 그리고 처음으로 정식 수좌가 되어 좌복에 앉게 됐다. 그런데 그때는 또 모두 벽을 보고 돌아앉는 것이다. 그제야 모든 걸 알게 됐다. 학인 시절 참여했던 것은 일주일 밤낮을 잠자지 않고 정진하는 '용맹정진' 기간이었기 때문에 서로 경책하느라 그렇게 한 것이었다. 당연히 보통 때는 벽을 보고 앉는 것이 정상적인 좌선법이었다. 내심 안도의 숨을 쉬었다.

'야! 이젠 졸리더라도 눈치 안 보고 실컷 졸아도 되겠구나' 하면서 졸릴 때는 막 졸았다. '용맹정진 때처럼 졸아도 장군죽비로 때리지도 않지, 백여 명이 앉아 정진하던 그때처럼 자리가 좁아 불편하지도 않지, 가야산 호랑이로 알려진 성철 큰스님도 백련암에서 내려오시지 않지' 하면서…….

처음 얼마간은 참 좋았다. 그런데 날이 갈수록 그게 아니었다. 차라리 대좌對坐했을 때 눈치 받으며 조는 것보다 마음이 편치 않기 시작했다. 대좌했을 땐 암만 졸려도 한 가닥 신경만은 앞에 있는 스님이나 장군죽비를 메고 경책 다니는 스님의 눈치를 봐야 한다는 강박관념 때문에 깊이 졸 수가 없었다. 그러니까 서투른 좌선이지만 화두와 씨름 정도는 할 수 있었다. 그런데 면벽을 하니 맘 편히 졸 수 있는 반면, 내 공부를 챙겨주는 사람이 없었다. 순전히 내 몫이었다. 종종 혼침에 빠져 한 시간을 졸다가 죽비 소리에 놀라 깨기도 했다.

'면벽'은 공부는 자율적이나 그만큼 스스로에게 철저한 책임을 져야 하고, '대좌'는 타율적이긴 하나 용맹정진 때나 초심자가 공부를 하기에는 더 효과적이었다.

스스로 삶에 책임을 질 줄 아는 면벽 참선법은, 그 공부에 이르기까지 선지식이 간 길을 좇아 철저한 자기 점검을 거치는 대좌 공부법을 익힌 후에 가능한 것이다. 나는 감성이 여려서인지 가끔 깊은 산 토굴로 침잠해 들어가길 좋아한다. 그때는 대체로 사람들로부터 상처를 받은 경우다. 한 경계에 마음이 걸린 것이다. 그때는 스스로 그 상처가 회복될 때까지 나 자신과 '면벽'을 한다. 아직 내 마음엔 문제와 '대좌'해서 풀겠다는 용기가 없는 것일까. 그럴 때에는 선지식의 할喝이나 방棒, 도반들의 탁마琢磨가 훨씬 빨리 상처를 치료할 수도 있을 것인데……

지금 이곳은 마음이 나태해졌을 때 대좌할 사람도 없는 무문관이다. 아니다, 모든 것이 대좌 아닌 것이 없다. 나를 지켜보고 있는 온갖 유정有情 무정無情이 모두 대좌의 상대이고, 무엇보다 중요한 내면의 자성불과의 대좌는 나를 가장 경책하는 선지식이다. 면벽과 대좌는 결국 둘이 아닌 것이다.

배려하는 마음

평소 그다지 왈가닥한 편이 아닌 내 성격이라 어딜 가도 크게 실수하는 것은 없다. 가능하면 남을 먼저 배려하고 그 사람 입장이 되어 생각해보는 것이 습관처럼 굳어버린 지 오래이기 때문이다. 그런데 무문관에서는 그동안 내가 한 배려보다 한 수 위여야 원만히 대중 생활을 할 수 있는 것 같다.

일어나서부터 잠들기까지 일거수일투족이 옆방 스님의 정진에 방해가 되지 않도록 배려하는 마음으로 가득 차야 한다. 무문관이란 곳이 대중 선방을 두루 거치다가 더욱 용맹정진하고 싶어 온 스님들이 찾는 곳이기 때문에 하루 중 어느 시간에 정진 삼매에 들어 있는지 모른다. 내가 생각 없이 내는 사소한 소리까지도 정진하는 스님에게 방해가 될 수 있기 때문에, 그야말로 조심, 또 조심해야 한다.

무문관 문을 잠그기 전날 대중들이 모여 간단한 의논을 거처 공통으로 일어날 수 있는 소음 즉, 공양 시 딸그락거리는 소리, 설거지 소리, 샤워 소리, 시계 알람 소리, 빨래하는 소리, 전자레인지 돌리는 소리, 포행 시 방바닥이 쿵쿵거리는 소리 등등은 서로 이해하기로 했다.

그런데 막상 살다 보니 그게 잘 안 되었다. 심한 말로 옆방에 개미 기어가는 소리도 다 들릴 정도로 고요한 무문관에 별것은 아니지만 일단 소리가 난다는 자체가 적막을 깨뜨리는 것이다. 그러니 그 순간만큼은 그쪽으로 신경이 쓰일 수밖에 없다. 정진이 여일하지 못한 것도 이유겠지만, 아무래도 바깥 경계에 끄달리지 않을 수가 없기 때문이다. 해제가 얼마 남지 않은 지금에야 서로 요령도 생기고 옆방 스님의 생활 습관을 잘 알아 조심하게 된 정도다.

그만큼 나보다는 남을 먼저 배려하는 마음이 무문관 한 철 정진하면서 자연스레 몸에 밴 것 같다.

남을 배려하는 마음, '나'가 아닌 '우리'라는 개념. 이런 마음들이 많이 모이면 수행도 승가도 나라도 참말로 살기 좋은 세상이 되겠지.

공부하다 죽어라!

온 밤을 정진 삼매에 들어 있다가 새벽을 맞았다. 참 오랜만이다. 이렇게 기분 좋게 여명을 문지방으로 불러들인 지가……. 좌복 위에서 천천히 몸을 풀다가 문득 지리산 토굴 시절이 떠올랐다. 그래, 그땐 참 좋았었지. 지금 이 순간처럼 환희로운 마음으로 매일 새벽을 맞이했으니까, 지금 생각하면 어떻게 겁도 없이 그렇게 정진을 했나 싶을 정도다.

그러니까 1986년 8월 30일, 사미계를 받고 보름 만에 나는 걸망을 메고 전나무 숲길을 걸어 월정사月精寺 일주문을 나섰다. 당시 어느 어른스님의 언행이 마음에 들지 않아 어린 마음에 분별심만 가득하여 저런 스님이 과연 수행자로서의 자격이 있을까 하는 생각이 들었다. 그리고 승단에 대한 불신과 그런 곳에 몸을 담고 있을 수밖에 없는 자신에 대한 알 수 없는 분노로 끓어오르는 가슴을 억누르지 못하고 절을 뛰쳐나온 것이다.

그리고 폐인처럼 전국을 정처 없이 만행하다가 가을쯤 하동에 있는 지리산 자락으로 들어섰다. 만행 다니다가 눈여겨 보아둔 토굴을 찾아간 것이었다.

주인을 수소문하고 설득해 겨우 허락은 받았지만, '이 사람 도대체 제정신이야?' 하는 표정이 역력했다. 말이 토굴이지 밤을 저장하기 위해 임시로 산 중턱에 만들어둔 허술한 창고였기 때문이었다. 시멘트로 미장도 하지 않은 블록에 천장도 없이 낡은 슬레이트 몇 장 걸려 있는 구멍이 여기저기 난 지붕, 용도가 창고이다 보니 난방용 구들이 없는 것은 당연하고 기본적인 생명 유지에 필요한 것이 아무것도 없는 그야말로 '토굴'이었다. 그 토굴에 걸망을 풀면서 나는 다짐을 했다. '그래, 여기서 죽자. 여기가 바로 나의 무덤이다. 한 세상 나지 않은 셈 치고 이 자리에서, 생사의 일대사인연―大事因緣과 싸워 결판을 내자' 하는 마음뿐이었다.

겁도 없이 정말 그랬다. 당시 내가 아는 것이라곤 행자 시절 틈틈이 보아둔 조사 어록 몇 권이 전부였다. 그 내용대로만 한다면 금방이라도 '한소식' 할 것같이 자신만만해 있었던 것이다. 한 시간쯤 걸어가야 하는 아랫마을에서 석유곤로 하나와 간장, 된장, 김치, 수저 한 벌, 냄비 하나를 구했다. 드디어 나만의 회상會上이 생긴 것이었다. 아! 지금도 잊지 못한다. 그 토굴에서의 첫날 밤……. 제불보살님 전에 죽비로 예불을 올린 후 흙바닥에 가부좌를 틀고 앉아 지그시 눈을 내리깔고 법계정

인법계정인法界定印을 지으며 화두를 들었다.

'부모미생전父母未生前 본래면목本來面目 시심마是甚麼' 부모로부터 이 몸을 받기 전 나의 진면목은 과연 무엇인가. 이 뭣고. 이 뭣고!

가끔 허리를 펴느라 고개를 들면 구멍 난 슬레이트 지붕 사이로 찬란한 별들이 나의 정진을 증명이라도 하듯 반짝였고, 산천초목이 모두 호법신장護法神將이 되어 나를 호위하는 듯했다. 그렇게 성성하게 밤을 지샌 적은 처음이었다. 수행자로서의 기쁨을 그제야 온몸으로 느끼는 것 같았다.

쌀이 떨어지면 더덕을 캐서 하동장에 나가 팔았고, 된장이 떨어지면 아랫마을에 가서 탁발을 해 왔다. 나중에는 누가 가져다 놓았는지 토굴 밖에 김치나 쌀이 쌓이기도 했다. 어느 날은 파출소에서 순경이 뭐 하는 사람이냐며 조사를 하러 온 적도 있었다. 죽기를 각오하고 들어갔으니, 삭발과 면도는 아예 할 필요도 없었고, 옷도 허름한 광목 한 벌로 버텼으니 몰골이 말이 아닌 것은 당연한 일. 그런 꼴을 보고 누가 수상한 사람이라고 신고를 한 모양이었다.

어쨌거나 겁 없고 어설픈 나의 토굴 생활은 채 일 년을 가지 못했다. 나름대로 몸부림치며 정진을 한다고 하였으나 이상한 경계만 몇 번 맛보았을 뿐 도대체 정진에 더 이상의 진척이 없자 어느 날 문득, 내가 과연 바른 수행길을 가고 있기나 한 건지 회의가 들었다. 바로 선지식이 없었기 때문이었다. 아무리 애를 쓰고 공부를 하여도 경계에 이르러 그것을 점검해줄 스승이 없다면 자칫하면 혼자만의 '한소식'에 갇혀 확철대오廓徹大悟는 차치하고 우물 안 개구리를 면치 못함을 비로소 알았기 때문이었다.

답답한 마음에 밤낮을 잊고 미친 듯이 산을 쏘다니던 어느 날, 드디어 나는 선실을 박차고 나와 만행길을 나섰다. 이 산하 저 회상의 문전을 기웃거리며 떠돌기를 몇 달. 지친 몸을 이끌고 토굴로 돌아오는 밤기차 안에서 마치 기다렸다는 듯이, 운명처럼 어느 노보살님을 만났다. 몸과 마음은 지칠 대로 지쳤고 행색도 한 벌로 버텨온 광목옷이 겨울 찬바람을 막아내기도 힘들 만큼 찢어져 형편없는 몰골로 쓰러져 자고 있는 내게 그 보살님이 말을 걸어왔다.

"아이고, 젊은 스님이 어떡하다 이 꼴이 됐습니까?"

들은 체도 안 하고 잠을 자고 있는 나를 다시 흔들어 깨웠다.

"스님, 괜찮으시다면 말씀 좀 나눠도 될까요?"

나는 도대체 어떤 사람이 이렇게 무례한가 싶어 눈을 반쯤 뜨고 그 보살님을 바라보았다. 그런데 백발이 가득한 그 노보살님을 보는 순간, '아! 이 보살님은 예사 사람이 아니구나' 하는 느낌이 들었다. 자세를 고쳐 앉아 그 보살님을 찬찬히 바라보았다. 백발에 어울리지 않게 곱게 늙으신 얼굴과 온몸에서 풍겨 나오는 기운이 참 맑게 사시는 불자 같았다. 간단히 인사를 나누고 그간의 내 사정을 얘기하니, 자기는 젊어서 혼잣몸이 된 이후 인천 용화사 보살 선방에서 지금까지 참선을 해왔다고 했다. 그러면서 많은 스님들을 지켜봤는데 나처럼 계 받고 얼마 되지 않아 섣부른 신심 하나만 믿고 토굴 정진하다가 잘못된 스님들을 몇이나 봤다는 것이었다. 보살이 하는 말이라고 불쾌하게 여기지 말라면서, 지금이라도 큰스님이 계신 대중처소에 가서 도반들과 탁마도 하고 어른스님들의 경책도 받으면서 기초를 다진 뒤에 토굴 생활을 해도 늦지 않을 듯하다며 조심스럽게 말을 건넸다.

그랬다. 그 순간 나는 그 보살님이 방황하는 내게 공부길을 바로잡아 주기 위해 나타난 인로왕보살처럼 느껴지며 온몸에 소름이 돋았다. 물론 보살님이 하신 말씀을 내가 고민하지 않았던 것은 아니다. 답은 벌써 알고 있었지만 그것을 터뜨려줄 시절 인연이 아직 도래하질 않았던 것이다. 그길로 나는 토굴로 돌아와 마음을 정리하고 짐을 꾸렸다. 해인사 강원으로 가기로 결심한 것이었다. 그래. 처음부터 제대로 다시 시작하자. 이렇게 하여 나의 겁 없고 어설픈, 그러나 내 삶에 있어 가장 치열하게 온몸을 던져 살았던 일 년 반 정도의 지리산 토굴 생활은 끝이 났다.

가끔 그 시절이 그리워진다. 하도 바람이 많이 불어 움막 이름을 '운풍산방'이라 해놓고 젊은 날 목숨을 내어놓고 정진하던 그때가……. 그 후 해인사 선방에서 용맹정진할 때 혜암 방장

스님께서 대중에게 늘 하신 법문이 "공부하다 죽어라!"였다. 공부하다 죽어라. 나는 지금 이 순간 이 좌복 위에서 목숨을 내어놓고 처절하게 정진할 수 있는가. 머리에서는 '그야 물론이지' 하며 지령을 내리지만, 과연 가슴으로 머뭇거림 없이 실천할 수 있는가.

그렇게 간절한 마음으로 무문관에 들어왔건만 지난 시간들을 점검해볼 때 완전 함량 미달이다. 어쩌다 오늘 새벽처럼 정진 삼매에 잠깐 든 것 가지고 슬며시 기분이 좋아 이렇게 들떠 있으니. 아! 언제나 이 업신에 이끌림을 취모검吹毛劍으로 일도 양단하고 무생곡無生曲을 부를 수가 있을까.

오늘 아침, 모처럼 맑고 기분 좋은 아침을 맞으며 지리산 토굴 시절을 잠시 회상해보았다. 그래, 까짓것 뭐 별거 있겠나. 수좌가 정진하다가 좌복 위에서 죽는 것만큼 값지고 행복하고 수지맞는 장사가 어디 있겠는가. 그래, 죽자! 공부하다 죽자!

꾼

아침공양 후 삭발을 했다. 무문관 들어 두 번째 삭발이다. 수염까지 꽤 텁수룩했는데 삭발을 하고 나니 아주 상쾌하다. 머리 상처도 깨끗이 다 나았다. 빨래까지 해서 방에 펴 말렸다. 비는 여전히 많이 내리고 있다. 아마도 큰 태풍이 지나가나 보다. 무문관 주위로 흘러내리는 물소리가 마치 큰 폭포수 옆에 있는 듯하다. 해제가 딱 보름 남았다. 해인사 선방에서는 내일 새벽부터 용맹정진 일주일 하겠구나. 이제 마지막 남은 보름이니 새로운 마음으로 정진을 해야겠다.

오후 들면서 비가 그치고 간간이 햇살도 나왔다. 며칠간의 비였지만 호우豪雨로 내렸기 때문에 한여름에 나온 햇살이라도 반갑다. 바깥 기운도 청명해지고 나도 오늘은 괜스레 신심이 나서 종일 좌복 위에서 정진 삼매에 들었다. 매일이 오늘 같으면 좋겠다.

내 탓이오

선방 좌복에 가만히 앉아 있으면 화두가 순일할 때도 있고 번뇌 망상이 치성할 때도 있다. 망상이 꼬리를 물면 그야말로 온갖 잡다한 생각이 다 일어난다. 송광사 수련회 지도법사로 있을 때 '차 한잔을 나누며'라는 시간에 어느 수련생이 말했다.

"스님, 참선이 좋긴 좋네요. 몇 십 년 전에 꾸어준 돈을 까맣게 잊고 있었는데 그것이 갑자기 생각나더라고요."

그 말에 한바탕 웃은 적이 있다. 흙탕물도 가라앉고 나면 맑은 물이 드러나듯이 우리네 마음도 번뇌가 쉬고 나면 맑은 자성 자리가 드러나는 것이다.

그래도 몇 년을 선방에 다닌 공덕인지 모르지만 요즘은 화두가 순일치 않을 때는 참회하는 마음이 그렇게 일어난다. 처음에는 내가 지은 잘못과, 나로 인해 상처받은 영혼들에게로 참회하는 마음이 향했는데 요즘은 그게 아니다. 가만히 생각하니 안 걸리는 데가 없다. 법계가 하나의 거대한 그물, 인드라망이다. 하나의 잘못과 참회는 그것을 일으키게 한 원인과 결과로 이어지고 또 그것은 그것과 연해 이어지고……. 그래서 그냥 마음 일어나는 대로 끝 간 데 없이 참회하기로 했다. 어떤 때는 나도 모르게 하염없이 눈물이 날 때도 있고, 또 어떤 때는 마음이 맑아지며 신심이 샘솟을 때도 있다.

예전에 천주교에서 '내 탓이오' 운동을 벌이며 차에 스티커까지 붙이고 다닌 적이 있다. 경전에도 참회하는 마음과 공덕에 대해 숱하게 얘기하고 있지만 세상 사람들이 모두 '네 탓이오'에서 '내 탓이오'로 마음을 바꾼다면 우리가 꿈꾸는 불국토는 이루어지지 않을까.

오늘도 화두가 여의치 않아 '나를 인연한 모든 법계 중생들이여, 내가 알게 모르게 지은 모든 허물을 참회합니다' 하며 큰절 법당을 향해 땀을 뻘뻘 흘리며 '엉거주춤 절'을 계속했다.

일종식과 장좌불와

오늘 새벽정진부터 사흘을 기한으로 삼고 용맹정진을 시작했다. 선방 다니면서 일주일 용맹정진은 더러 해봤지만 몸 사정을 생각해서 사흘로 잡고 시작했다. 해제는 다가오고 더 이상 이 핑계 저 핑계 대면서 게으름 피우다간 이번 철 아무 소득도 없을 거라는 한탄과 절박감이 나를 옥죄어 오기 시작한 것이다. 그래, 다시 한번 고삐를 당겨보자. 내가 어떤 마음으로 이 무문관에 방부를 들였는데……

눈에 잘 보이는 곳에 '공부하다 죽어라' 하고 크게 써 붙였다. 공양도 최소한의 양으로 하루 한 끼, 점심공양만 하는 일종식一種食만 하고, 절대 등을 바닥에 붙이지 않으리라 다짐을 했다. 옛 조사스님들은 법을 구하기 위해 팔을 잘라 스승께 바치며 결심을 보이기도 했고, 손가락 마디마다 불을 붙여 제불보살 전에 불퇴전의 정진을 발원하기도 하였건만, 나는 과연 이곳에서 어떤 원을 세우고 어떻게 정진을 하고 있었는가? 나름대로 애쓴다고 발버둥은 쳐봤지만, 실로 부끄럽고 또 부끄럽다.

이 뭣고

어제 하루는 침봉針峯과 정신력으로 잘 버텼는데 밤이 지나자 체력이 급격히 떨어지며 혼침이 몰려온다. 얼굴이 화끈거리는 게 열도 조금 있다. 새벽에 허리가 끊어질 듯 아파 잠시 의자에 앉았는데 그 사이를 못 참고 수마가 침범을 한 것이다. 나도 모르게 졸고 있다가 고개가 뒤로 젖혀지는 바람에 깜짝 놀라 일어났다. 큰절 범종 소리가 들린다. 정신을 차리고 잠시 포행을 한다. 마치 허공을 걷고 있는 듯이 감각이 무뎌졌다. 지리산 토굴 시절에 경험했던 경계들이 잠시 되살아났다가 사라지기를 반복했다. 모든 감각이 살아 꿈틀거리며 주변의 모든 소리들이 크게 들려왔다. 이것도 경계다. 다시 좌복에 앉아 가부좌를 튼다. 지그시 화두를 참구한다. 자꾸 여기저기서 듣고 본 구절들이 떠오른다. 알음알이다. 이것마저도 놓아버려야 된다. 일체의 사량분별思量分別을 멈춰야만 그때부터가 진정한 화두 참구가 되는 것이다.

남악회양南岳懷讓(677~744)이 육조혜능六祖慧能(638~713)을 찾아갔다.

"무슨 물건이 왔는고?"

이 물음에 꽉 막혀서 8년간 참구를 했다.

그 후 다시 찾아가 대답했다.

"한 물건이라 해도 맞지 않습니다."

그러자 육조혜능이 다시 물었다.

"얻을 것이 있더냐?"

"얻을 것이 없지 않지만 물들지 않습니다."

이에 육조는 남악의 깨침을 인가했다고 한다. 이 일화에서 유래된 화두 시심마是甚麽, 즉 '이 뭣고'는 이후 많은 수좌들에게 인기 있는 화두가 되었다. 나는 이 화두를 월정사 방산굴에서 고송古松 노스님을 시봉하면서 탔다. 어느 따스한 오후, 마루에 앉아 그럴듯하게 폼을 잡고 앉아 끄덕끄덕 졸고 있는 내게 노스님께서 호통을 치며 불렀다.

"야, 이놈, 동은아!"

깜짝 놀라 "예!" 하며 돌아보았다. 그때 노스님께서 눈을 부릅뜨며 물었다.

"예, 하고 대답한 그놈이 누구냐. 어서 한마디로 일러봐라."

난 정말 그 순간 앞뒤가 꽉 막혔다. 지금까지 머리로만 분별하던 '동은'이니, '마음'이니 하는 준비된 대답들도 순간 일체 끊어져버렸다. 시간이 정지된 듯한 느낌을 받았다. 대답도 못 하고 멍하니 있는 내게 노스님께서 다시 한 번 호통을 치셨다.

"이놈 봐라, 지가 어떤 놈인지도 모르는 게 앉아서 졸고만 있느냐? '예' 하고 대답하던 그놈을 절대 놓치지 말고 계속 찾거라."

이후 노스님께서 내려주신 '이 뭣고' 화두는 나를 무던히도 압박했다. 때론 환희심으로, 때론 절망감으로……. 이제 정진하다가 경계가 나타나도 화두를 주신 노스님도 안 계시니 어디가서 묻는단 말인가?

성성적적

오늘은 정말 생사를 걸어볼 요량으로 불식不食하기로 했다. 사흘을 작정하고 용맹정진에 임했으나 아직 어지럽고 미진하다. 내일 날이 밝을 때까지 한번 결판을 내볼 결심을 굳히며 틀고 앉았다. 그래, 모든 생각이 끊어진 그 자리까지 가서 한번 죽어보자! 앉아서 죽자!

한 생각 일어나고 없어지는 것을 생사라고 하니
생사가 일어나는 자리에서
모름지기 힘을 다하여 화두를 챙겨야만 할 것이다

화두가 순일하면
한 생각 일어나고 없어지는 것이 사라지리니
한 생각 일어나고 없어지는 것이 사라진 곳을

고요한 경계라고 한다

그러나 고요한 경계 가운데에
화두가 없으면 무기無記라고 하기에
고요한 경계 가운데에서도
화두를 놓치지 않아야 신령하다고 한다

이 고요한 경계로서 신령스러운 앎은
없어질 것도 섞일 것도 없는 것이니
이처럼 공부하면 곧 이룰 것이니라

念起念滅 謂之生死 當生死之祭 須盡力提起話頭 話頭純一 起
滅卽盡 起滅卽盡處 謂之寂 寂中 無話頭 謂之無記 寂中 不昧話
頭 謂之靈 卽此空寂 靈知 無壞無雜 如是用功 不日成之

나옹선사懶翁禪師(1320~1376)께서 각오선인覺悟禪人에게 보낸
글이다. 전에 봉암사 선방에 난 적이 있는데 주지스님 거실에
걸려 있어 수첩에 적어두고 늘 마음에 새기곤 했다. 이대로만
하면 며칠 안 가 공부를 성취한다 하셨는데 그게 어찌 그리 쉬
운 일이던가.
새벽정진 때 누군가 밖에서 부르는 소리가 들렸다. 이 새벽에,
그것도 무문관에서. 아무도 부를 사람이 없는데 너무나 당연하

게 "예" 하고 대답했다. 순간, 밑둥이 확! 빠지는 듯한 느낌이 왔다. 그러면서 몸이 붕 뜨는 듯하더니 새털처럼 가벼워졌다. 잠시 앉아 있는 또 다른 나를 보았다. 그런데 마음이 참 편안했다. 머리가 말할 수 없이 시원했다. 그 가운데서도 화두만은 역력했다.

　기뻤다. 그렇게 찾아 헤매던 소 발자국을 이제야 발견한 것 같았다. 벅차오르는 기쁨을 가만히 지켜보고 있으니 차츰 평정심을 되찾았다. 문득 떠오른 경계를 어쭙잖은 게송으로 지어보았으나 점검해줄 스승이 지금 곁에 없음이 안타까웠다.

> 만덕산 백련은 향기를 감추었고
> 죽도의 늙은 용은 보주를 머금었음이라
> 향기와 보주가 비록 드러나진 않았으나
> 시방에 두루 하여 항상 빛을 발함이로다
> 萬德白蓮藏香氣 竹島老龍含寶珠
> 香氣寶珠雖未露 遍覆十方常放光

　아! 이것이 바로 선열인가? 이 기쁨을 맛보기 위해서 그 많은 수좌들이 차생을 걸고 몸부림치는 것인가? 비록 잠깐 동안의 경계였지만 이제야 제대로 확신을 가지고 정진할 수 있을 것 같았다. 지금부터가 시작이다.

無門關日記

286

죽도

죽도는 강진만에서도 가장 안쪽에 있는 조그만 무인도다. 섬에
시누대가 많아 죽도라 이름이 붙여졌다는데 옛날 어느 적 전쟁
통에 화살대로 만든다고 다 잘라 가버리고 지금은 겨우 명맥만
유지한다 들었다. 일본에서 독도를 '다케시마(竹島)'라 부르며 자
기네 땅이라고 우기는데 묘하게도 이름이 같다.

　무문관에서 보이는 죽도는 마치 잘 익은 찐빵 모양 같기도
하고, 고슴도치가 바늘을 세우고 있는 것 같기도 하다. 어떤 때
는 밤바다에 고독하게 떠 있을 죽도를 생각하며 가슴 아파하기
도 했고, 밤비가 촉촉이 오는 날은 별들이 세수한 물로 시원하
게 샤워하고 있을 죽도가 한없이 부럽기도 했다. 그믐이나 보름
쯤에 들물과 날물이 심할 땐 먼 바다로 떠밀려 가지 않으려고
안간힘을 쓰며 뿌리를 내리고 있고, 바다는 그를 밀어내 보려고
나름대로 용을 써보는 것 같아 보는 나를 가끔 긴장시킨다.

    혜일 스님이 그 섬을 사서 가운데에다 커다란 부처님 상을
모시고 밤이면 멋진 네온등을 켜놓는 게 백련사 불사의 최고봉
이라고 농담처럼 말했는데 그것도 괜찮을 듯싶었다.

    밤바다를 지켜주는 부처님 등대……. 아주 그럴싸하다. 그러
려면 천년의 고독을 즐겨온 죽도의 허락을 받는 게 전제 조건이
긴 하지만…….

    하여간 이번 철에 강진만에 둥둥 떠 있는 죽도 덕을 톡톡히
보는 것 같다. 많은 대화도 나누고 심심찮게 눈요기도 하게 해
주었으니까.

갇혀 지내는 모든 것들에게

시대적 아픔으로 '통과의례通過儀禮'를 받고 있는 정치사상범들과 양심수들. 억울한 누명으로 삶을 송두리째 빼앗겨버린 무고한 수인囚人들. 최소한의 인간적인 삶을 영위하고자 노동 현장에서 앞장서 절규하다가 영어囹圄의 몸이 된 근로자들. 한순간의 실수로 잘못을 저질러 차가운 콘크리트 벽 속에서 참회와 눈물의 날을 보내고 있는 죄수들. 자유롭게 뛰놀다 사냥꾼에게 잡혀 동물원에서 눈요깃감이나 되고 있는 야생동물들. 삼복더위에 보양식으로 잡아먹힐 날만 기다리며 사육되고 있는 견공들, 그리고 온갖 가축들.

좁은 새장에 갇혀 몇 모금 물과 몇 톨의 좁쌀로 연명해야 하는 예쁜 새들. 깊은 바닷속 푸른 꿈을 뒤로한 채 좁은 수족관에서 인공어초와 놀고 있는 고기들. 간척 사업하느라 막은 방파제 때문에 미처 바다로 빠져나가지 못하고 호수가 되어버린 바

닷물들. 억겁 윤회의 고리를 풀겠다고 차생此生을 걸고 무문관
감방에서 정진 중인 대중들…….

아, 갇혀 있는 모든 이들이여!
그들에게 희망과 용기를, 그리고 맑은 자유를…….

휴휴암주 좌선문

좌선坐禪이란 모름지기 지극한 선禪을 통달하여 환하게 마음이 깨어 있어야 한다. 모든 생각을 끊어 머리가 무거워지고 몽롱해지는 경계에 떨어지지 않는 것을 좌坐라 하고, 욕심의 세계에 있으면서도 욕심이 없고 번뇌 속에 있으면서도 번뇌를 떠나 있는 것을 선이라고 한다.

바깥에서 어떤 경계도 들어오지 않고 안에서 어떤 마음도 내놓지 않는 것을 좌라 하고, 집착할 것도 없고 의지할 것도 없어서 늘 마음의 빛이 환히 드러나 있는 것을 선이라고 한다.

밖에서 흔들어도 마음이 움직이지 않고 속마음도 고요하여 흔들리지 않는 것을 좌라 하고, 마음의 빛을 돌이켜서 법의 근원을 남김없이 환하게 아는 것을 선이라고 한다.

좋은 경계 나쁜 경계에서도 고민하지 않고 모양과 소리에도 집착하지 않는 것을 좌라 하고, 어두운 데를 비추면 그 밝음이

해와 달보다 더 밝고 중생을 교화함에는 그 힘이 하늘과 땅의 힘보다 더 수승한 것을 선이라고 한다.

차별 경계에서 차별이 없는 선정에 들어가는 것을 좌라 하고, 차별이 없는 법에서 '온갖 차별을 아는 지혜가 있음'을 보이는 것을 선이라고 한다.

뭉뚱그려 말하면 치열하게 쓰이나 올바른 바탕은 여여如如해서 종횡으로 자유자재 오묘한 힘을 얻기에 온갖 일에 조금도 거리낌이 없는 것을 좌선이라고 한다. 좌선에 대하여 간략히 이렇게 말하고 있지만 자세히 말하자면 그 내용은 이 세상의 종이와 먹으로도 다 쓰지 못한다.

부처님의 선정은 고요할 것도 없고 움직일 것도 없다. 진여眞如의 오묘한 바탕은 없어질 것도 아니고 생겨날 것도 아니어서 보되 보는 것이 아니며 들되 듣는 것이 아니다. 공空이면서 불공不空이며 유有이면서 비유非有이다. 그 크기는 바깥이 없는 것을 둘러쌀 만큼 크고, 그 가늘기는 들어갈 속이 없는 것에 들어갈 만큼 가느니, 신통과 지혜와 광명과 생명력 대기대용大機大用은 그 끝이 없느니라. 도에 뜻이 있는 사람은 잘 참구參究하고 정신을 바짝 차려 큰 깨달음으로써 부처님의 문안에 들어가야 하느니라.

'아!' 하는 한 소리 뒤에 신령스러운 많은 오묘한 도리가 모두 저절로 다 갖추어질 것이니라. 어찌 삿된 외도外道로서 서로 법을 전수하여 스승과 제자가 되고 무엇 얻는 것을 공부의 끝으로 삼는 사람들과 같을 수 있겠느냐?

　'휴휴암주休休庵主'는 중국 원나라 때의 선승 몽산덕이蒙山德
異 스님을 말한다. 전에 이 방을 썼던 스님이 놓고 간《몽산법어
집蒙山法語集》가운데 〈휴휴암주 좌선문〉이 있기에 한번 옮겨
적어보았다.

지나온 삶의 지혜

내 방에 휴식용 흔들의자가 하나 있다. 카페에 가면 흔히 볼 수 있는 의자인데 피곤할 때 쉬기 그만이다. 정진하다 다리가 아프거나 포행이나 운동 후 무릎이 아프면 의자에 푹 파묻혀 약간씩 흔들거려주면 그 재미도 쏠쏠하다. 처음 이 방에 들어와 청소를 할 때, 의자 등받이 위쪽 나무 끝에 양쪽으로 나란히 수건을 찢어 끈으로 동여매 놓은 것을 보고 흉해 보여서 다른 쓰레기와 함께 치워버렸다. 그런데 이 의자는 고장이 나서 조심해서 흔들지 않으면 뒤로 벌러덩 넘어가게 돼 있었다. 그러면 옆방에서 깜짝 놀랄 일이 생길 것 같아 예방 차원에서 벽에 기대놓고 있었는데 오늘 오후에 잠깐 쉬면서 깜빡 잊고 의자를 평소보다 조금 많이 흔들었다. 순간 벽 쪽으로 의자가 넘어지면서 '꽈당' 소리가 났다.

완전히 넘어지진 않았지만 꽤 소리가 크게 났다. 온몸에 진땀이 날 정도로 깜짝 놀라 일어서서 의자를 살펴보았다. 부딪힌 부위는 바로 내가 보기 흉하다고 벗겨서 버려버린 그 수건이 매어져 있던 나무 모서리였다.

'아차! 그래서 그곳에다 수건을 매놨었구나.' 전에 이 방을 쓰던 스님도 나와 같은 경험이 있어서 궁리 끝에 충격 흡수용으로 그렇게 수건을 매어놓은 것이다. 그러나 때는 이미 늦었고, 다시 그곳을 감쌀 만한 헝겊도 보이지 않았다. 아쉽긴 하지만, 앞으로 조심해서 의자에 앉을 수밖에……

나도 해인사에서 소임을 여러 번 살아봤지만, 전임자와 인수인계를 한 후 처음에는 이해가 안 가는 부분이 많이 있었다. 어떤 물건이나 장부는 필요 없는 것 같기도 하고 어떤 전통은 과감히 청산해야 할 것도 같았다.

'그래도 좀 더 두고 보지 뭐' 하고 지나다 보면 어느 날 그것들이 모두 이해가 가고, '아, 그래서 그랬구나!' 하고 고개를 끄덕이게 됐다.

살면서 선지식이나 어른, 혹은 선배들이 이해 안 가는 행동이나 주문을 해도 다시 한번 곱씹어 보고 신중히 행동할 일이다. 그들에겐 우리가 겪지 못한 것을 지나온 삶의 지혜가 가득하기 때문이다.

화장실 새시 창이 바람 불 때마다 덜그럭거려서 사이에다 목장갑을 끼워놓으니 소리가 안 났다. 다음 철에 어떤 스님이 이 방에 살지 모르지만 나 같은 실수(?)를 범하지는 않을지 모르겠다.

포구의 불빛

문 열릴 날이 며칠 남지 않았다. 어두워진 바다 건너 포구에서 깜박이는 불빛을 오랫동안 바라보다가 문득 '기다림'이란 말이 떠올랐다. 우리네 인생 여정은 늘 기다림의 연속이다. 떠나간 사람에 대한 기다림, 약속된 날짜의 기다림, 푸른 꿈을 안고 집을 나선 첫차의 기다림, 가을을 해바라기하는 농부들의 기다림…….

그 많은 기다림들 중에 이젠 내 삶에는 즐거운 기다림만이 가득했으면 하는 바람을, 아니 욕심을 내어본다.

밤이 깊어지면서 더욱 고요해진 산사. 밤새의 울음소리, 마당을 뒹굴고 지나가는 바람, 그리고 마치 꿈결처럼, 기다림의 등불처럼 반짝이는 포구의 불빛을 보며 오늘 저녁은 푹 상념想念에 젖어본다.

캄캄해진 밤바다는 저 불빛들이 있기에 비로소 살아서 숨 쉬고 여정에 지친 나그네들도 그 불빛을 보며 잠시나마 지친 하루의 위안을 받는다. 여행을 하다보면 산 좋고 물 맑은 데가 정말 많다. 그런 환경을 배경으로 멋진 집이라도 지어져 있으면 감탄사가 절로 나온다. '아! 저렇게 좋은 데 사는 사람들은 무슨 근심이 있을까. 나도 저런 데 한번 살아봤으면' 하고…….
누구라도 가져볼 만한 생각이다.

타인에게 보여지는 삶, 평가되는 삶. 그런 삶을 우리는 얼마나 살고 있는가. 출가 전 병원에 간 일이 있는데 그곳에서 비구니 노스님 한 분과 같이 모시고 온 젊은 스님 한 분을 뵈었다. 그때만 해도 스님들은 산속 깊은 곳에서 솔잎이나 먹고 살고 아프지도 않으며 축지법縮地法을 쓰고 무술을 잘해 잘못하다간 혼나는 아주 무지한 단편 상식 정도로만 알고 있었다. 그런데 그런 스님을 병원에서 본 것이다.

그때의 느낌은 거의 충격 수준이었다. 어떻게 스님이 아플 수가 있지? 스님들도 시내에 다닐 수가 있나? 내도록 기독교적 문화에 접해 있었고 불교를 접할 일이 없던 내게, 그 스님들은 스님들도 다치고 아프기도 하는, 평범한 '사람'이란 걸 깨닫게 해줬다.

세상살이 온갖 어려움에 부대끼다 보면 호숫가 별장에 사는 사람이나 산속에서 아무 근심 없이 도나 닦고 있을 스님들이 부럽게 보일 수도 있다. 그러나 그 별장이나 산속에 사는 사람들도 그들 나름대로 근심과 고통 속에서 살고 있는 경우도 많다.

저 포구에서 깜박이는 불빛을 보며 지나는 여행객들이 '야,

정말 멋진 항구야' 할 순 있지만, 그 불빛 아래에는 오늘도 지친 몸 가누며 하루하루 연명하는 가난한 어부들의 거친 삶이 존재하는 것이다.

사람들은 항상 내가 처한 현실에 만족하지 못하고 모두 행복해하며 사는 듯한 남들의 삶을 보며 비교하고 마음 상해한다. 길에 나가 백 사람을 잡고 물어보라. "당신은 지금 행복한가?"라고.

현실에 만족하며 사는 사람은 아마 거의 없을 것이다. 구십구만 원 가진 사람이 만 원 가진 사람보고 달라 한다는 말이 있다. 그만큼 사람의 욕심이란 밑 빠진 항아리처럼 채워지지가 않는 것이다.

포구 위 깜박거리는 불빛 아래 사는 사람이나, 호숫가 별장에 사는 사람이나, 재벌이나 어느 누구라도 그들 나름대로 추구하는 욕망은 존재한다. 그러나 삶은 저 멀리 보이는 불빛도 별장도 아니고 당장 내가 부대끼며 살아내야 하는 '바로 이 공간, 이 시간'이다. 내가 지금 앉아 있는 이 좌복을 벗어난 나는 존재할 수가 없다.

현실을 떠난 행복이나 꿈은 일 층도 짓지 않고 삼 층부터 지어달라는 어리석은 사람과 같다. 다리는 굳게 내가 지금 서 있는 땅을 밟고 있어야 한다. 그리고 내 마음을, 내가 살고 있는 주변을 먼저 바꾸면 되는 것이다. 그리하면 내 집이 호숫가 별장도 될 수 있고 밤바다에서 멋있게 불빛이 깜박이는 포구도 되는 것이다.

무문관 마지막 날

오늘이 갇혀 있는 마지막 날이다.

새벽정진 중, 좌복에 앉아 지나온 한 철을 생각하니 아득한 꿈을 꾼 것 같다. 치열하게 정진도 해봤다. 피 토하는 통곡도 해봤다. 게으른 낮잠을 실컷 자기도 했다. 무엇보다 나 자신과 깊은 대좌를 한 것이 큰 소득이었고, 주위의 인연들이 그렇게 소중함을 깨달은 것도 수확이다.

오전 정진 중에 쪽지가 들어왔다. 내일 아침에 문을 열어준다는 내용이었다. 아침에 비가 조금 왔었는데 지금은 다시 산새 소리들로 꽤 소란하다.

오후에는 여기저기 널려 있는 짐들을 대강 정리하고 방 청소도 깨끗이 했다. 원래 오늘쯤 좌복을 빨아야 하는데 말릴 곳도 없고 세탁용 대야도 없고 해서 일단 그냥 뒀다. 깨끗해진 방 안에 동그마니 앉아 있으니 시원해서 좋다.

문 여는 날

오늘이 문 여는 날이다. 다른 선방 같으면 죽비 놓는 날이다. 결제 중간에 입원하느라 한 번 나오긴 했지만, 어쨌든 문 여는 상징적인 의미는 같다. 아, 같이 정진했던 대중 스님들은 한 철 동안 정진은 여여했는지, 살들은 또 얼마나 빠졌을지 궁금하다.

새벽정진 후 삭발을 깨끗이 하고 옷도 깔끔하게 챙겨 입었다. 정진복을 벗고 한 철 동안 보자기에 싸놓았던 풀옷으로 갈아입으니 서걱거리는 느낌이 어색할 정도다. 며칠 동안 오락가락하던 비도 그치고 아침 기운이 참 상쾌하다.

여섯 시 사십 분. "스님, 문 열겠습니다!"라는 인사와 함께 혜안 스님이 드디어 각 방을 돌며 문을 열었다. 나도 양쪽 문을 모두 열어젖히고 잠시 밀려오는 맑고 싸한 바람을 그대로 맞아들였다. 실로 한 철 만에 활짝 열어보는 문이다. 문을 열고 나오는 스님들을 보니 모두 텁수룩하니 그대로다. 나만 깨끗이 삭발하고 옷까지 갈아입고 있으니 미안한 생각까지 들었다.

잠깐 동안 서로의 안부를 물은 뒤 공양하러 큰절로 내려갔다. 석 달 만에 대중이 서로 모여 아침 밥상에 마주 앉았다. 내도록 밥통에서 식은 밥을 먹다가 밥공기에 담긴 따끈한 밥과 김이 나는 찌개를 보니 적응이 안 될 정도였다.

모처럼 제대로 먹는 것같이 공양을 하고 주지실에서 한 철 회향 인사를 정식으로 나누며 차 한잔을 했다. 사소한 오해도 얘기를 통해 풀리고 살면서 불편했던 점들도 건의하고 화기애애한 분위기였다.

나는 선반을 달았으면 좋겠고, 형광등이 너무 밝아 저녁정진이 어려우니 밝기를 조절할 수 있는 조광등으로 교체했으면 한다고 건의했다. 다들 한두 건씩 건의 사항 및 불편들을 얘기했다.

열 시에 나한전에 마지를 올리러 큰절로 내려갔다. 내가 가장 힘들었을 때 나를 통곡하게 해주신, 그럼으로써 기운을 회복하고 다시 살려내신 부처님께 내 손으로 공양을 올리고 싶어서였다. 오랜 묵언 뒤의 염불이라 제대로 목청이 나오질 않지만 정성껏, 십육나한님께 모두 공양을 올리는 '나한각청羅漢各請' 마지를 올렸다.

나중에는 목이 아파 소리조차 내기 힘들었으나 끝까지 힘을 다해 공양을 올렸다. 땀으로 범벅이 된 얼굴이 마지를 다 올리고 나니 아주 개운해졌다. 나한전 부처님도 내도록 공양을 못

드시다가 오늘 내가 공양을 올리니 기분이 좋으신지 활짝 웃는 듯이 보였다. 가슴으로 감사의 기도를 올리고 나니 아주 기분이 좋았다.

오후에는 가까운 사찰 참배를 가자고 해서 무위사無爲寺에 들렀는데 거기서 장성에 있는 김범수 교수님을 만났다. 일본에 있는 제자들과 함께 회화 문화재 복원 연구차 들렀다고 하셨다. 반가워서 주지스님께 소개를 드리고 올라갈 때 꼭 들르라는 부탁을 받으며 헤어졌다. 그리고 도갑사道岬寺에 들렀는데 도량이 아주 정돈이 잘 되어 있었다. 도선국사道詵國師와 수미선사守眉禪師의 비碑가 아주 정교하게 보존이 잘 되어 있는 것이 인상에 남았다. 절에 돌아와 저녁공양하고 강진만 위에 두둥실 떠오른 달을 보며 한담閑談하다 각 방으로 헤어졌다.

걸망을 꾸리며

걸망을 꾸리며 방 안을 휘 한번 둘러본다.

한 철 동안 나의 귀의처가 되어주고 아프거나 힘들 때 따뜻이 격려해준 소중한 가사, 그리고 그 가사를 잘 모셔준 대나무 횟대.

책상 위에서 항상 웃으며 나를 지켜주신 내가 그린 미소불.

번뇌가 치성할 때 기운을 맑게 정화해준 향.

절할 때나 포행 시 놓지 않았던, 도반이 준 백팔염주와 선배가 준 가야산 단주.

일기를 쓸 때나 법문집을 읽을 때 허리를 바르게 세워준 조그만 책상.

고장 나서 삐걱거렸지만 내게 편안한 휴식처가 되어준 의자.

덜거덕거렸지만 화두를 다시 한번 점검케 해준 문고리.

방충망에 끼어 갈 곳을 잃었던 민들레 홀씨.

내 신심을 푸르게 물들여 준 일인용 다기와 쌍봉차.

물 끓이는 소리가 마치 오대산 금강연 폭포수 같았던 주전자.

쓸모없었지만 밥통을 따뜻이 품어준 겨울 이불.

내 발밑에서 가장 많이 밟히며 고생한 반 접힌 요.

아픈 내 목을 참 잘도 받쳐주었던 베개.

더운 오후 절한 다음 땀에 젖은 몸을 시원하게 씻어준 샤워기.

좁은 냉장고 위에서 시원한 바람을 일으켜준 조그만 선풍기.

며칠 몸살로 앓아 누웠을 때 유일한 약이 되어주었던 아스피린이 담긴 비상약통.

가끔 큰 소리로 나를 놀라게 하기도 했지만 음식을 잘 보관해준 아기 냉장고.

들어가기만 하면 무엇이든 뜨거운 몸이 되어 나오는 전자레인지.

정진 중 신심이 퇴굴할 때마다 읽어보던《몽산법어집》.

이 모두가 방 안에서 내 공부길의 선지식이 되어줬던 물건들이다.

또 문살 밖에서 내 한 철 답답함과 적적함을 달래준, 제일 큰 위안이 되었던 마당가의 후박나무들.

매일 열리고 닫히며 시간 가는 것을 일깨워준 강진만의 따뜻한 품.

새벽녘 청아한 노랫소리로 기운을 맑게 해준 숲속의 새소리들.

내 지친 영혼을 맑혀준 가끔 불어주던 문살 밖의 바람.

빗소리와 함께 더운 여름을 식혀주던 지붕에서 떨어지던 낙숫물 소리.

깊은 밤, 선실을 말없이 비춰주던 푸른 달빛.

앞마당의 이름 모를 들꽃들과 잡초들.

방 앞 토끼풀 더미 속에서 한 철 내 격려를 아끼지 않았던 네 잎클로버 몇 개.

말없이 큰 의지처가 되어주었던 든든한 좌복에게 감사하다. 이번 철 이 좌복 위에 흘린 뜨거운 눈물은 이 포단을 의지하여 구경성불하는 날까지 결코 잊지 못할 것이다. 정진이 잘될 때는 시간 가는 줄 모르고 앉아 있기도 했고 몸이 아파 괴로울 때는 하루가 한 철 가는 듯 지루하기도 했다.

이제 그 힘들었던 한 철을 정리하느라 걸망을 챙기다 보니 온갖 감회에 젖어 손끝이 떨려 온다. 건강한 몸이 되면 다시 한번 살러 올지는 모르겠지만 백련사 무문관 3호실, 그리고 1호실은 내 수좌 생활을 뒤돌아보고, 또 앞날을 점검해보는 좋은 한 철이었다.

쓰다 보니 수행 일기가 아니라 잡문이 되어버렸다. 폐쇄된 공간에서 매일 똑같이 보는 사물들과 생활을 반복하다 보니 이것저것 보이고 생각나는 대로 정리해봤는데 대강 한 번 훑어봐도 영 어색하고 글이 성글다. 그렇다고 정진 중, 내면에서 일어나는 미세한 느낌들을 일일이 적을 수도 없고……. 그러나 이 또한 그때의 내 감정에 충실한 것뿐이니 그다지 창피스럽지만도 않다.

처음에는 이 공책 반이나 채워지려나 했는데 나중에는 무슨 할 말이 그리 많았는지 생각했던 것들을 다 적지도 못한 것 같다. 번뇌즉보리煩惱卽菩提라. 이 많은 망상들도 결국 내 자성불에서 나온 것이니 어쩌겠는가? 아무튼 첫 보름 동안의 간절했던 정진 기간과, 그 이후 한 달여 동안의 투병 기간, 그리고 나

머지 반 철 동안의 정진으로 이어진 이번 한 철의 무문관 정진
은 내 삶에 있어 결코 잊지 못할 치열했던 순간들로 기억될 것
이다.

다시 한번, 내 삶을 지켜준, 이번 한 철 몸 고생 마음고생 치
르며 나를 더욱 여물게 공부시켜준 제불보살님, 옹호성중님, 그
리고 모든 인연들께 가슴으로 감사드린다.

동은 스님

오대산 월정사로 출가했다. 해인사 승가대학과 송광사 율원을 졸업했고, 동국대학교 문화예술대학원에서 불교미술을 공부했다. 해인사, 봉암사, 통도사, 불국사, 백련사 무문관 등 제방선원에서 정진했으며, 〈월간 해인〉 편집장을 맡기도 했다. 그 후 출가 인연터인 월정사에서 6여 년간 교무국장과 단기출가학교 학교장 소임을 맡았고 지금은 삼척 두타산 동쪽 천은사에서 살고 있다. 2011년에 처음 출간되었던 《무문관 일기》는 '2011년 우수문학도서'에 선정된 바 있다.